汉字中的地理课

邱磊 著

地脉万象

江西教育出版社
JIANGXI EDUCATION PUBLISHING HOUSE
·南昌·

赣版权登字-02-2025-049

图书在版编目（CIP）数据

地脉万象 / 邱磊著. -- 南昌 : 江西教育出版社, 2025. 4. -- (汉字中的地理课). -- ISBN 978-7-5705-4734-0

Ⅰ. K9-49

中国国家版本馆CIP数据核字第20243S2K71号

汉字中的地理课 · 地脉万象

HANZI ZHONG DE DILI KE · DIMAI WANXIANG

邱 磊 著

江西教育出版社出版

（南昌市学府大道 299 号　邮编：330038）

出 品 人：熊 炽

责任编辑：苏晓丽

各地新华书店经销

江西千叶彩印有限公司印刷

710 毫米 ×1000 毫米　16 开本　10.5 印张　106 千字

2025 年 4 月第 1 版　2025 年 4 月第 1 次印刷

ISBN 978-7-5705-4734-0

定价：35.00 元

赣教版图书如有印装质量问题，请联系我社调换　电话：0791-86710427

总编室电话：0791-86705643　编辑部电话：0791-86708350

投稿邮箱：JXJYCBS@163.com　网址：http://www.jxeph.com

播撒地理之种

2021年，邱磊老师的“古诗词中的地理课”系列一完稿，我便欣然写了序。2025年，他又有了新作“汉字中的地理课”系列。这既让我感到惊讶和高兴，又觉得合乎情理。近些年来，他笔耕不辍，也该到收获的时节了。

十年前，我们在上海的一次学术会议上相识。当时，听到他对中华优秀传统文化与地理的联结感兴趣并已做了初步探索，我便鼓励他朝这个方向不断挖掘下去。从国家意志的层面上说，推动中华优秀传统文化入校园、入课堂、入教材，业已成为新时代的重要命题。自2014年教育部印发《完善中华优秀传统文化教育指导纲要》以来，中共中央办公厅、国务院办公厅、教育部、中国教育学会等多个部门（机构）多次下发相关文件，呼吁广大教育同人不断推动和深化这一研究方向。可以说，邱磊老师的学术志趣，正合乎时代大势，是新课标、新教材、新高考背景下的有益探索，同时对每一名青少年及其背后的家庭教育，都是有所帮助的。

“汉字中的地理课”系列共有《苍穹天文》《地脉万象》

《农邦千秋》和《市井烟火》4册，分别对应着天文、地形、农业、城市四个板块。它们之间存在着紧密的联系（如下图所示）。这种联系将地理学科的综合性与区域性，以汉字为媒介，在不同的维度上予以展示，打造了一门有别于普通教材的魅力课程。

天文（宇宙及大气环境）
地理（地形及地貌）
——提供条件→ 农业 ——持续发展→ 城市（聚落）

这套书的创意，在于引入了汉字知识，及其背后的文化、历史资源。地理的信息载体、思维建构、意义创生，都在新情景的浸润之下，来了个“华丽的转身”。比如，汉字可以展现科学思维。在《苍穹天文》一册中，邱老师提到昼夜的“昼”字：甲骨文为“”，上部的“”，形如一只握笔的手正奋力书写；下部是表示太阳的符号“⊙”。古人通过观察太阳的不同位置和高度，巧妙地将“昼”描绘成“旦—晨—杲—晌—昃—暮”的动态过程。这些汉字“串”起来，就是一幅画面感、想象力十足的太阳视运动轨迹图。换句话说，古人以有形有色的“空间”，来表达看不见摸不着的“时间”。这种统一的时空观，扩大到极致，就是宇宙观。我们不难发现，地理学科独有的思维，正以汉字做载体，外化成有滋有味有底蕴的文化，滋养着每一个中华儿女。

再从汉字的角度看地理这门学科，你会感觉它很有温情。比如，“月”字为什么写成“☽”，而不是反过来的“☾”呢？书中介绍，“☽”出现在华灯初上、“对影成三人”的良辰，“☾”则升起于“江枫渔火对愁眠”的午夜之后。哪个更为人们所熟悉、传颂并记录呢？答案不言自明。地理知识亦由此具备了“温度”，它的生活性、思辨性和文化性渐次展开，彰显了素养培育、生命厚植的育人价值。

汉字还是活的社会化石。甲骨文中的山川日月、飞禽走兽等，都形象地展示了社会发展的面貌。比如“独”（代表唯一）和“群”（代表众多），本义相反，且一个是犬字旁，一个是羊字旁。究其根源，这是对古代放牧场景的“文化回忆”：一只兢兢业业的牧羊犬在茫茫草原上来回奔跑，赶着成群结队的“喜羊羊”“美羊羊”“沸羊羊”……这些内容，我们可以在《农邦千秋》中找到。

我们读着读着就会发现，汉字与地理均具有“至大无外，至小无内”的相似性——它们的囊括面广，时空、人事、世理都被一网打尽。通过瑰丽、厚实且神秘的汉字，来拆解、重组和复现地理知识与地理原理，这种独辟蹊径之举，不但需要脑洞大开的思考，更需日久弥坚的努力。虽然中学的地理教材中偶有汉字辅助教学，比如黄河干流呈“几”字形、行政区域的简称等，但其并不涉及汉字内部的音、形、义，缺乏历史和文化上的价值解读。现在这套书做的，正是这样的探索——借助文字学、文化学平台，实现汉字与地理教学的深度融合，让孩子们发现地理之美，研习地理之妙，享受地理之乐，笃定地理之志。

愿邱磊老师的研究与努力，能得到更多读者的喜爱，也愿更多的小朋友、大朋友、老朋友，从这套书开始，在心中播撒下地理的种子。

华东师范大学教授、上海市特级教师、中国教育学会地理教学专业委员会原副理事长兼秘书长　陈胜庆

你的世界，由汉字点亮

亲爱的朋友，每天使用的汉字你一定很熟悉，但你真的“熟悉”她吗？如果我说有一个字，让你一秒钟可以画出世上最具象却也最抽象的画，你信吗？如果我说有一个字让你一秒钟，可以奏出世上最动听却也最悲婉的旋律，你信吗？如果我再说有一个字，让你一秒钟，可以在茹毛饮血的历史之源与昌盛发达的现代文明之间穿梭，感怀生命，汲取智慧，你信吗？

也许，你会觉得这是痴人说梦吧。汉字，有这么神奇吗？当她被造出来时，西汉《淮南子》一书用八个字来形容：“天雨粟，鬼夜哭。”意思是说，仓颉创造出文字时，谷粒像雨一样从天而降，无数的鬼魂在暗夜中痛哭流涕。感觉好神奇啊！可是，何来此说呢？因为传说中，自仓颉第一次把文字刻画在龟甲或兽骨上起，人类从此留下了思想的印记，可以一代代地累积知识、增长智慧、传播文明。文字把人类理性启蒙、探索世界的大门，撬开了一道缝。民智逐渐开启，文明迭代繁荣。

你或许仍觉得这太夸张了吧，文字真有这般神奇的力量吗？你要知道，在我国百万年的人类史中，能被称为文明史的部分，不过五千多年。在这五千多年中，文字成了维系无数代人心智、情感、认知、观念、精神的核心纽带，成了这个世界沧海桑田、革故鼎新、生生不息的关键见证。她的意义，难道不强于《淮南子》所言的千百倍吗？

也许你会问，汉字不是数千种文字中的一种吗？是的。可我们从文明的源头看，历数那些灿烂文明的重要载体——古巴比伦的楔形文字、古埃及的象形文字及古印度的印章文，如今都消失在历史的烟尘中，成了常人不能读、不能认，更不能写的“艺术品”。唯有汉字成了远古文明与现代文明的见证。她的造字原理、结构、含义、发音，以及在科学、美学、文化和艺术上的高超智慧，是一座巨大的矿藏，世人取之不尽、用之不竭。

汉字在形成之初，多以象形和指事为主（约占70%），几乎可以说一个字就是一幅图。比如，日月、山川、河流、草木、鸟兽等自然事物，人口、城市、农业、手工业、建筑等社会事物，都是造字的对象。毫不夸张地说，我们随手写下的每一个字，既有精确的符号意义，又是一幅有着高超艺术水准的抽象画。

汉字的文化理性，使她具有鲜明的表达逻辑和想象张力。她既可以诠释天籁般的自然韵律，也可以被视作人伦真情的具象表达。

汉字的文化感性，使她有共生的天地情怀和家国视野。我们剖析汉字的本义、引申义，乃至字形的演变，会看到清晰的历史脉络，嗅到芬芳的乡土气息，悟到深邃的哲思义理。

如此说来，这套书怎么不有趣呢！它是绘画书、音乐书、历史书，更是发现天地大美、中华大美、文化大美的“汉字地理书”。

毫不夸张地说，我们可以用汉字把中国的风土人情、区域特征、自然风貌统统给“画”出来。事实上，汉字的发展若从甲骨文算起，大致经历了金文、篆书、隶书、楷书、草书、行书等几个阶段，数量也从开始的四五千个发展到现今的约十万个。在三千多年的积累和演进过程中，先人把对自然和社会的观察、研究和描述，浓缩在无数个小方块中，也把对生活、生命的感悟，镌刻于方寸之间。透过一个字，我们足以穿梭古今；透过一个字，我们足以俯瞰天地。

所以，亲爱的朋友，把汉字读懂、读透，是我们学习地理、学习历史文化的好方法。因为，每一个汉字都藏着精妙、奇趣、丰富的乾坤，每一个汉字都自带光芒，照向生命那未知的远方。

你的世界，由汉字点亮。

汉字的演变

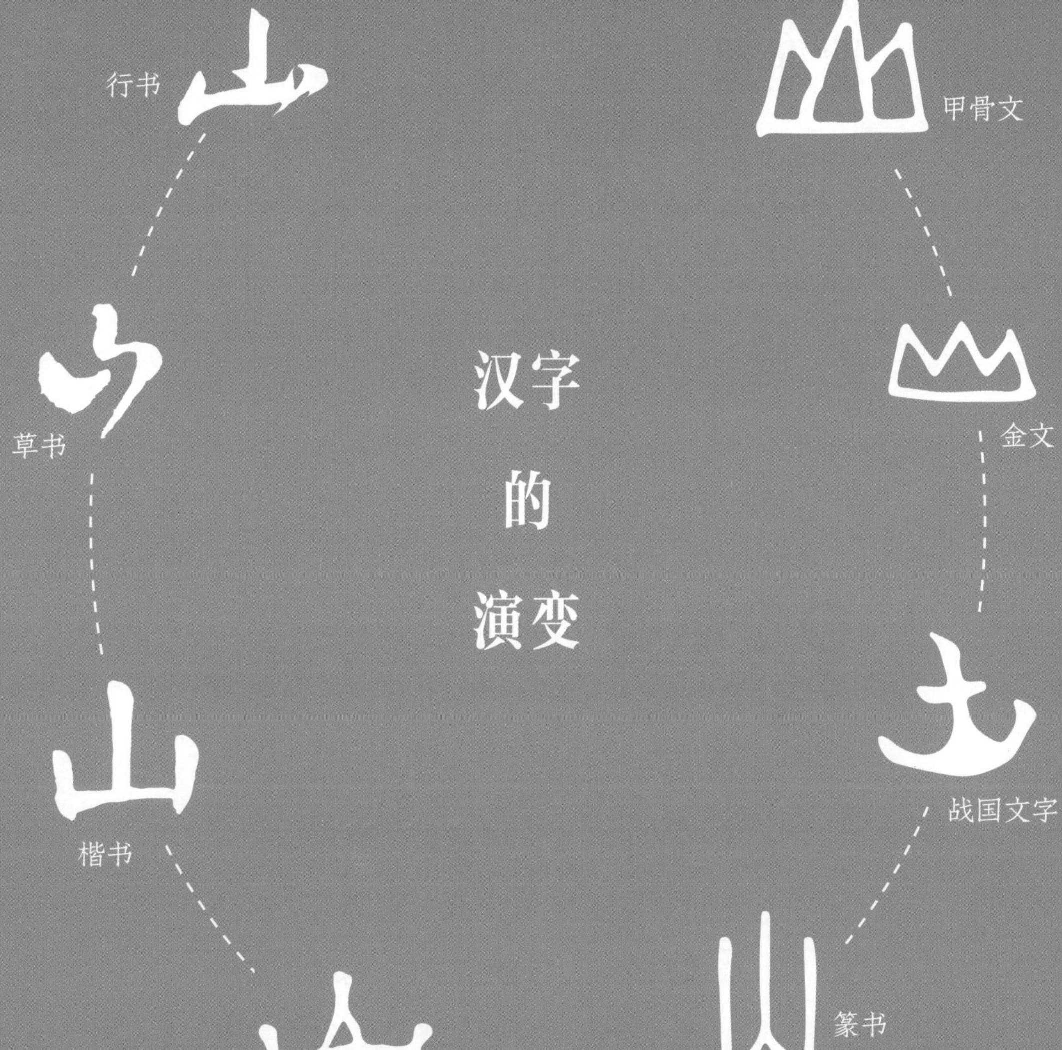

汉字中的
地理课

地脉万象

我们生活在地球上，脚下是辽阔旷远、难望尽头的大地：或高耸崎岖、悬崖万丈，或低缓平坦、沃土千里，或千沟万壑、泥冲沙积，或风吹草低、四野茫茫。地理学家将其分成山地、丘陵、高原、平原、盆地等五种地形。下面，我们借助汉字的力量，为大家逐一呈现！

目 录

第一章 大地的脊梁

说说山地那些事儿

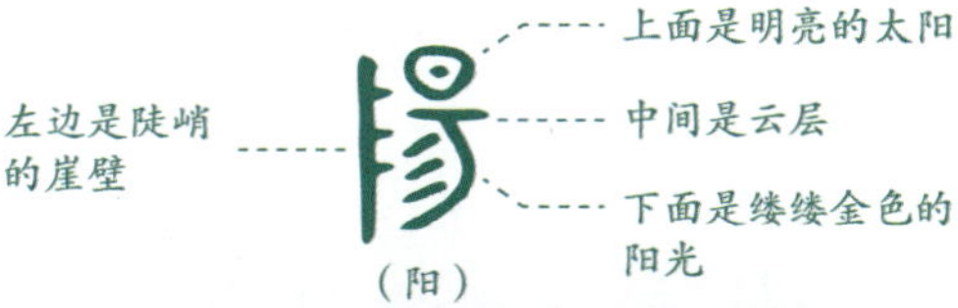

第二章 高丘之上

说说丘陵那些事儿

整体是流水的样子
中间是一个小小的岛屿
（州／洲）

左上是监管的官员
右上代表制盐的工人
中间是制盐的卤水
下部是制盐的器皿
（盐）

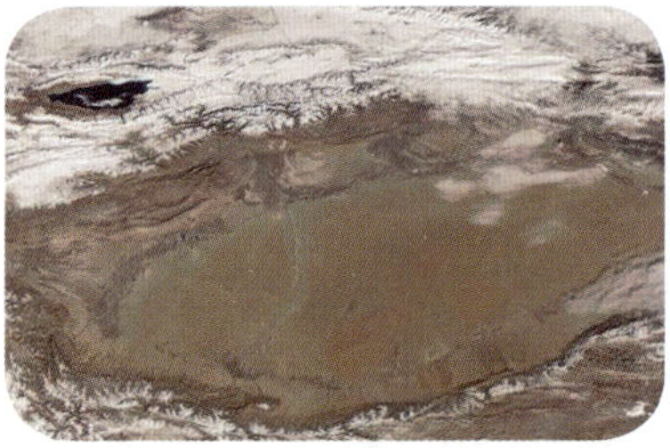

左边表示黄土覆盖
右边表示地势平坦、开阔
（塬）

第一章

大地的脊梁

说说山地那些事儿

本章思维导图

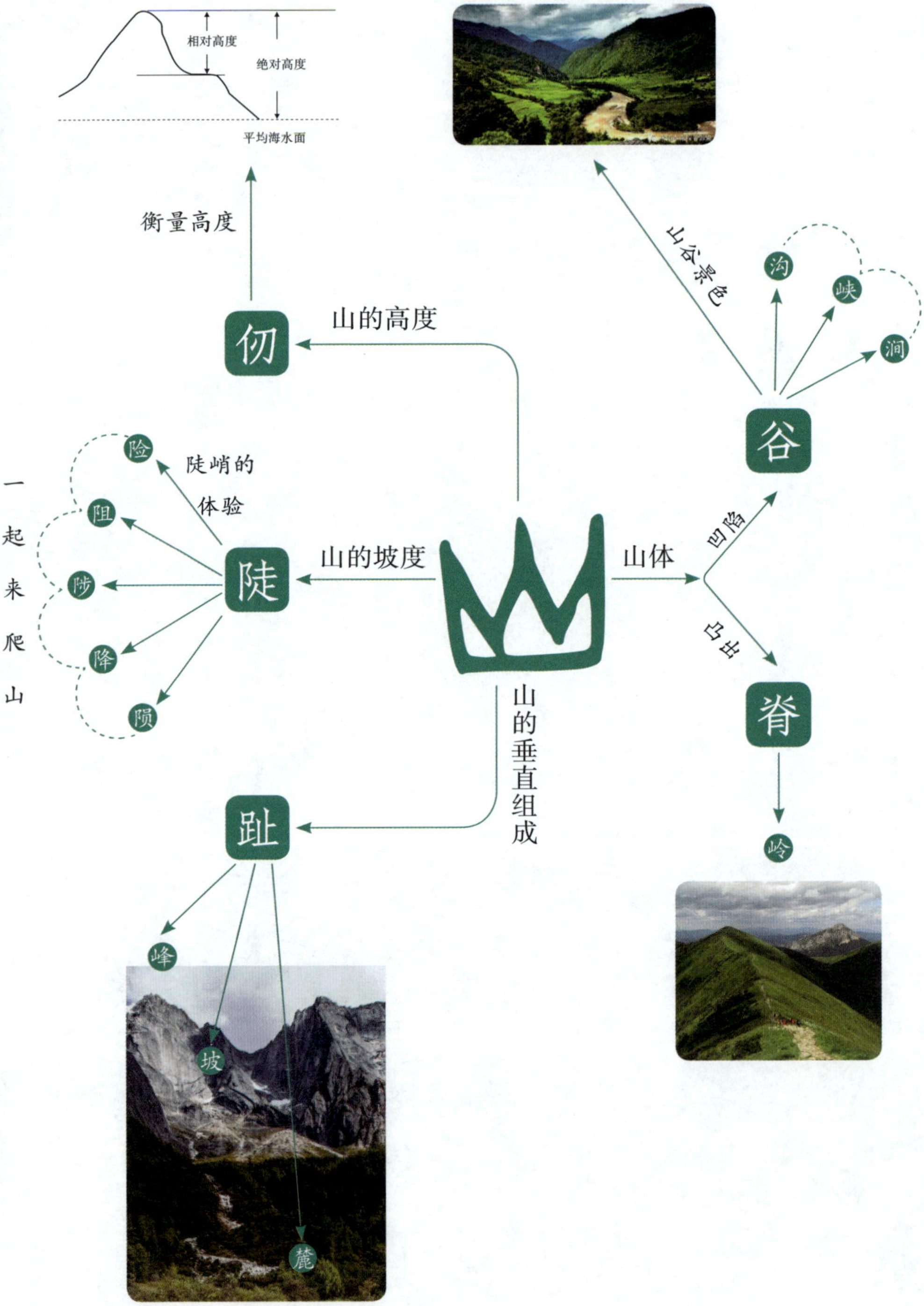

山
山的高度
仞
衡量高度
相对高度
绝对高度
平均海水面
山的坡度
陡
陡峭的
体验
险
阻
陟
降
陨
一起来爬山
山的垂直组成
趾
峰
坡
麓
山体
凹陷
凸出
谷
山谷景色
沟
峡
涧
脊
岭

[字源]

山，宣也。宣气散，生万物，有石而高。

——《说文解字》

[字解]

甲骨文的“山”字，是一幅非常写实的画。画上有三座高耸的山峰，仿佛直插云霄。无独有偶，两三千年前，古埃及人根据自己的观察，也发明了“山”这个字，写成“”。你看，两者有异曲同工之妙！根据《说文解字》中的解释，“山”可以理解为陆地上由土石构成的隆起部分。“隆起”一词，抓住了整个“山”字的核心特点。

造字时，“山”为什么要画“三”座山峰，而不是四座、五座呢？这里的“三”并不是实数，而是表示“很多”的意思，类似的用法有“狡兔三窟”“三令五申”“三思

◎张家界的天门山，看上去就像一个“山”字

而后行”等。除了山峰，甲骨文“山”字的下面还有一条短横，它代表地面。由于它比较平直，所以有学者说，创造汉字的祖先可能住在平原地区。

[字变]

金文1 金文2 篆书 隶书 楷书

[字说地理]

壁立千仞

提到山，也许你觉得自己很熟悉，但人类真正认识山、利用山，却经历了漫长的时光。《山海经》中记录的许多山脉名称，

如会稽山、泰山、岷山等，至今仍在使用。这些源自神话的山名，或多或少体现了先民对“山”的敬仰、崇拜。

实际上，我国确实是一个多山的国家。据统计，我国山地面积约占全国土地总面积的1/3，有超过一半的人口生活在山区（通常把山地、丘陵，连同比较崎岖的高原统称为山区）。“山”承载着历史和文化，更饱含着各种有趣、有料的科学知识。

甲骨文是我国已知的最古老的文字，因其写在龟甲和兽骨上而得名。从甲骨文的“山”字，我们可以概括出“山”这种地形有两个基本特征。第一个特征便是“高”。这一点，在篆书上表现得尤为突出。“山”把山崖壁立千仞的气势给表现出来了。从字义上看，“山”本就含有“高”的意思，《说文解字》中说它是“有石而高”。“嵩山”的“嵩”字就是由“山”和“高”组成的。古装影视剧里的大臣们总爱对着皇帝“山呼万岁”。所谓“山呼”，就是“高呼”。在现代地理科学中，这个“高”被称为海拔（绝对高度），并且海拔超过500米才有资格进入“山”的行列。

在《愚公移山》的故事中，愚公准备移走的山有多高呢？据说高达“万仞”。“仞”是古代的长度单位。古人在表示山的高度时，爱用“仞”来衡量。比如唐朝诗人王之涣在《凉州词二首·其一》中说“一片孤城万仞山”，宋朝诗人陆游在《秋夜将晓出篱门迎凉有感二首·其二》中说“五千仞岳上摩天”。

那什么是“仞”呢？为什么会发“rèn”这个音呢？原来，“仞”表示一个成年人双臂张开的距离，约为1.6米，所以发音和

“人”很接近。大家要是留意，会发现聪明的古人总爱从自己身上找测量工具，比如“五十步笑百步”的“步”等。

愚公准备移走的王屋山有“万仞”高，那就大约是16000米了。显然，这不符合实际，地球上最高的珠穆朗玛峰的海拔也才8848.86米。现代科学家测量发现，王屋山主峰天坛山的海拔为1711米。王屋山位于太行山脉的西南段，太行山脉最高处的海拔超过3000米。

另外，我们在理解“高”时，也不要忘了相对高度。所谓“相对高度”，是指山顶到山的某个部位的垂直高度差。它与绝对高度（海拔）的关系，可以用下图表示。

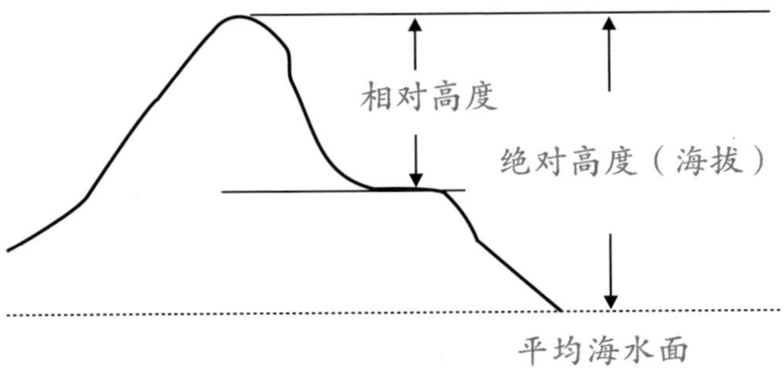

◎相对高度与绝对高度（海拔）

山的海拔越高，就越挺拔、雄伟。可在“五岳”之中，泰山并非海拔最高的山，却有着“五岳独尊”的美誉，连孔子都有“登泰山而小天下”的慨叹。这是为什么呢？究其原因，在于泰山地处广袤的华北平原。华北平原大部分地区的海拔不到50米，而泰山主峰玉皇顶的海拔有1532.7米，相对高度在1500米左右。

这样一对比，泰山自然就有了“一览众山小”的傲然气势。这一点，是位于群山之中的衡山、华山等其他四岳所无法比拟的。

知识拓展

地球上还有比珠穆朗玛峰更高的地方吗？

众所周知，珠穆朗玛峰是地球上的海拔之最。那么，地球上还有比它更高的地方吗？别奇怪，依据不同的标准，还真有呢，而且还不止一处。

夏威夷岛上的活火山——冒纳凯阿火山，海拔只有4170米，但水下深度却有5998米。换言之，从水下的山脚到水面上的山顶，相对高度达10203米，是世界上相对高度最高的山。

◎珠穆朗玛峰

厄瓜多尔境内的钦博拉索山，海拔只有6310米，但其位置得天独厚——坐落在地球赤道的隆起部分。你可以把地球想象成一个横放的鸡蛋，左、右两头到鸡蛋中心的距离，明显大于上、下两端到鸡蛋中心的距离。所以，从地心开始算的话，钦博拉索山比珠穆朗玛峰还要高出很多。

看来，我们在说地球上最高的山峰时，可要注意基本前提了。前提不同，得出的结论可能就会不一样。

左耳旁的压迫感

“陡”是山地的另一个重要特征。相对于高，陡对人们提出了更大的挑战，因为只要坡度小，登山就会轻松一些，哪怕再高的山，早晚也能登顶；可一旦山势非常陡峭，那每向上攀登一步，都得付出极大的努力。对于陡峭的山，古人可以说是咬牙切齿，于是，他们在文字中留下了深深的“怨念”：险（山岭极陡）、阻（险峻难以通过）、陟（登上山岭）、降（走下山岭）、陨（从山上坠落）。

文化加餐

谢公屐

魏晋南北朝时期，大文豪谢灵运不仅文章写得好，还有个特别的爱好：登山。在登山的过程中，他一边饱览祖国大好河山，一边探索奇妙的大自然，惬意极了。不过，上山、下山很是辛苦，怎样才能节省点体力呢？爱琢磨的谢灵运就发明了一种鞋底带有前、后两排“鞋齿”的登山鞋。上山时，去掉前面的“鞋齿”；下山时，则去掉后面的“鞋齿”。如此一来，无论是上山还是下山，都如履平地，轻松异常。

人们得知后，纷纷仿效，并给这种鞋取名叫“谢公屐”。在今天的中国鞋文化博物馆中，就有一双这样的鞋，是后人根据出土的三国东吴时的木屐仿制而成的。

“险、阻、陟、降、陨”这五个字连起来，就是一个人登山的真实写照：登山时，路越来越陡，好不容易爬过一小段，却发现前面是悬崖峭壁，更难攀登。历经千难万险，总算登上山顶了，还要小心翼翼地下山，否则稍不留神，就会失足坠落。

仔细看看“险、阻、陟、降、陨”这五个字，她们的偏旁部首都是左耳旁。“左耳旁”是汉字世界里的独特字符，她与人的耳朵没有丝毫关系，却是陡峭山地的鲜明写照。“山”的甲骨文是“”，古人为了体现山的陡峭，十分巧妙地把“”旋转90°变成“”或“”，以体现那种垂直方向上的巨大落差。

这座陡峭的山的甲骨文字形，也有专属的汉字，即“阜”，意为“山地”；但她在今天更重要的作用是作为部首“阝”，出现在许许多多的汉字中。被“阝”相中的字大多和“山地”“陡峭”等含义沾边。

◎陡峭的华山

在辽阔的中华大地上，有一个省叫“陕西”。“陕”这个字，不但有“阝”，而且右边还是夹心饼干的“夹”，表示“夹在陡峭的群山中”。如果真正认识了“陕”字，你就算没去过陕西当地，也能“未卜先知”：去那里要做好翻山越岭和跋山涉水的准备。

当然，从“无限风光在险峰”的角度说，这样的山地，又何尝不是一种奇妙的自然风光呢？更何况，山中藏有无数的天然珍宝，简直取之不尽、用之不竭。

地理知识提要：

★ 山地的基本特征是高与陡。

★ 我国的山地面积约占国土总面积的1/3，山区承载着一半以上的人口。

★ 山地的海拔一般在500米以上，其相对高度一般大于200米。

★ 世界上最高的山峰为珠穆朗玛峰，海拔为8848.86米。

[字源]

止，象足趾。

——《通志略·六书略》

[字解]

“止”是“趾”的本字。“止”的甲骨文“”形如脚趾头张开的脚掌，且将五趾简化为三趾。在早期的文字中，“趾（止）”的写法并不统一（有“大脚趾”朝向右侧的，那是左脚；也有朝向左侧的，那是右脚），但“脚掌”的样子始终没变。

在古人眼里，“天人合一”是这个世界最基本的运行规律之一。对山地的认识、开发和利用，怎么少得了“人”呢？今天的不少汉字中仍留有这一思想的痕迹。比如“峰”“降”“陟”等字，最初的字形中都有“趾”，甚至连动物也与自然合一，如

“山麓”的“麓”里就藏着一只梅花鹿。

[字变]

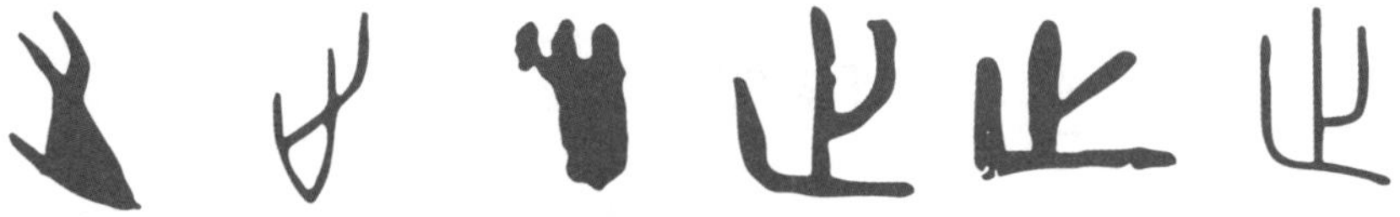

甲骨文1　甲骨文2　金文1　金文2　战国文字　篆书

[字说地理]

“”（趾），代表“脚”或“足”，是我们身体的一个重要部件，同时也是构造有关山地形态的汉字的部件。为了介绍得周详、准确，我们不妨以“山”的“身高”为标准，由上往下依次解读。

高的极限叫作峰

山体的最高处，我们称之为“峰”。这一解释，我们从汉字的构造上，可以找到依据。比如，“峰”字的右上角有个“夂”，甲骨文的写法是“”。“”其实是省略之后的笔画，进一步复原后是“”。这样就可以看出来了，它正是本课所讲的“趾”字。

我们的祖先在造字时，有一个基本原则，叫“近取诸身，远取诸物”，意思是造字的灵感，从近处说，可直接在身体上找；从远处说，可去自然界中找。怪不得甲骨文中有那么多的“口”“目”“手”“足”。就“趾”来看，朝向不同，意义也不一样。当“趾”向上时，常常表示从低处向高处攀登。以“陟”字为例，其甲骨文“”就是一个会意字：左边表示陡峭的山峰，右边画着一上一下的两只脚，脚尖向上，表示“登高”或“上升”。

“峰”字中的“趾”，暗指从高处向下走。我们知道，下山的路，是从山顶开始的，下山时的脚尖始终冲着下方。类似的例子，还有“降落”的“降”等。所以，“峰”字本身暗藏着“高处”“顶端”的意思。你看过金庸的小说《天龙八部》吗？主人公名叫“乔峰”，“乔”表示“高”，比如“乔木”一词就指树干高大的树木。“峰”比“乔”还要厉害，意思是“最高”，表示极限，函数里的“峰值”、洪水的“洪峰”、骆驼的“驼峰”等，都有此意。

山的高度极限，就是“峰”。在现代地形图中，我们会看到许多等高线地形图，图中的等高线一圈又一圈，层层套嵌，山地看起来就如同放大了无数倍的“指纹”。

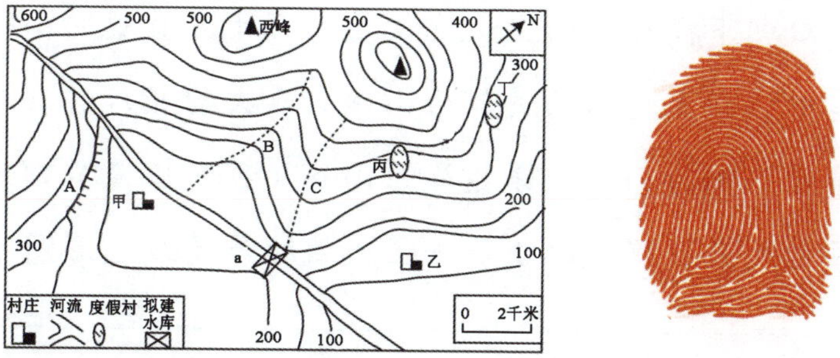

◎等高线地形图与指纹

知识拓展

神奇的等高线

等高线即高度相等的各点的连线。等高线看似抽象而冷峻，但你只要见过梯田那台阶式的唯美外形，就会知道它其实很具体，也很亲切。

在等高线地形图的“指纹”中心，往往会有一个黑色的三角形标记“▲”（有的还标有具体数字），这其实就是山峰。海拔1000米以下的山，我们称之为低山；1000米至3500米的，称中山；3500米以上的，则称高山。

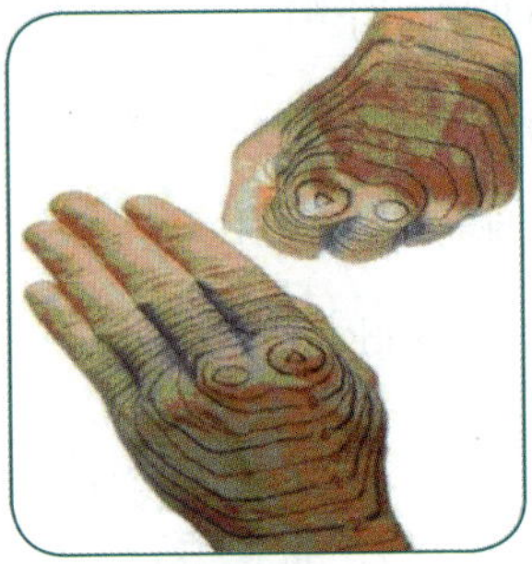

等高线在我们身上也可以“显现”：左手握成拳头，拳心朝下摆在桌面上，这便是一个十分直观的山地模型。其中，向上突出的关节为山顶。除大拇指外，其余手指的手背一侧为山脊，手指缝为山谷（也可以看作河流）。把手指展开，得到的就是一幅生动的等高线地形图了。

司马迁在撰写《史记》时，引用了《诗经》中的“高山仰止”，即“德行像高山一样，叫人仰望”，以此来表示对孔子的敬仰。“高山”若从地理上解读，其山峰的“门槛”为3500米，甚至四五千米也并不罕见。高山常被浮云、积雪、冰川所遮挡或覆盖。司马迁所仰望的，很可能是座雪山，至少在冬季是如此。而且，雪山并不局限于我国的中西部，宝岛台湾就有我国东部地区的最高峰。它的海拔近4000米，山顶常有积雪，色白如玉，人们给它起了个富有诗意和浪漫想象的名字——玉山。

阳“坡”的兴荣

再来看山坡。山坡位于山峰之下，与平地相接，是一个倾斜面。“倾斜面”是比较书面的说法，具体到生活语境中，人们常常按坡度的大小将山坡分为陡坡和缓坡。

“陡”这个字，多少叫人有点发怵，它的发音是不是和发抖的“抖”相同？陡峭到极致，就成了垂直于地面的“陡崖”或“悬崖”，人在上面走，即使脚不抖，心也会怦怦乱跳。

文化加餐

栈道

公元前206年，刘邦攻下咸阳，被项羽封为汉王。在去往汉阳的途中，刘邦故意烧毁全部栈道，以示自己不会与项羽对抗。待实力壮大后，刘邦拜韩信为大将，准备出兵。韩信为了迷惑项羽，让人佯修栈道，暗地里却率主力部队绕道进攻，并最终获得大胜。

这就是成语“明修栈道，暗度陈仓”的来历。所谓的“栈道”，就是在悬崖峭壁上凿孔架桥连阁而成的道路。我国早在战国时期就有修建栈道的记载，《国策·秦策三》中有“栈道千里，通于蜀汉”的记载。看来，在人类的智慧面前，再陡峭的悬崖，都能成为可以开发利用的资源。

相比陡坡，缓坡的利用难度就小很多了。人们可以在缓坡上面建屋、修路、开垦农田。

除了缓坡、陡坡，人们对于“山坡”这个倾斜面的爱恨交织，还有一个重要的原因，那就是阳坡和阴坡。原来，不同的山坡由于朝向不同，它们与太阳之间往往会形成不同的位置关系。

比如，阳坡的“阳”，它的繁体字“陽”极具画面感：右侧的“昜”（不是“易”），上面画着一个太阳，中间一横代表云层，下面是万道金光。字面上就有艳阳高悬、万物光明的含义。左侧再加上“阝”，强调太阳在山坡上照耀四方。

从上文不难看

出，“阳坡”表示朝向太阳，温暖、光明的一侧山坡。清代文字训诂学家段玉裁称“山南曰阳”，即南面的山坡为阳坡。

在我国大部分地区，那些隆起的山地、丘陵、高原的南面总是被阳光更多地眷顾，而北面由于阳光被遮挡，常躲在阴影之中，故被称为“阴坡”。

在我国，太阳光总是照射在山的南面，所以山南就是阳；而河流南面的光照却会被遮挡住，所以水的南面是阴，北面才是阳。“山南水北为阳”由此而来。

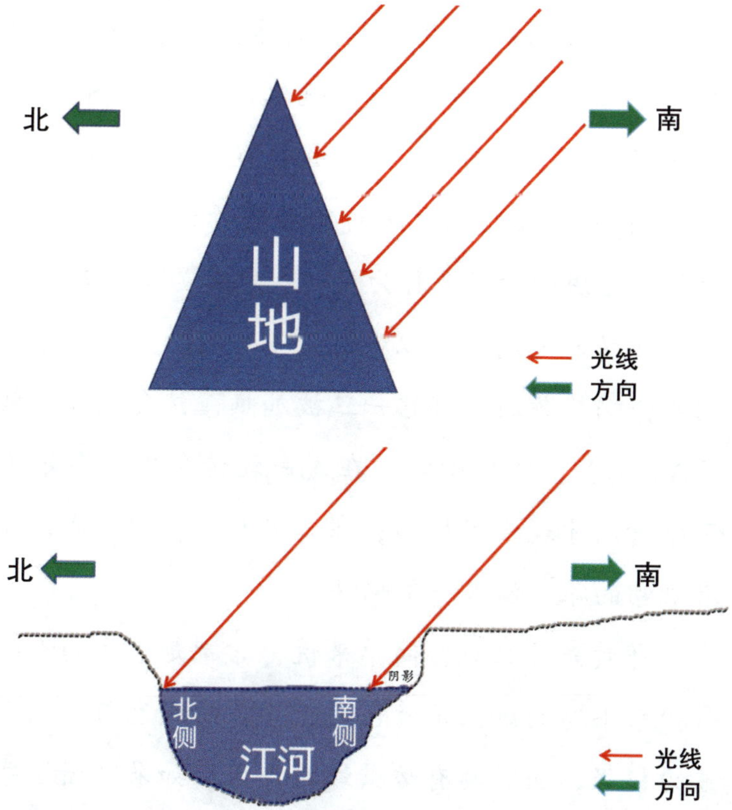

◎“山南水北为阳”示意图

阳坡和阴坡因光照、温度等存在差异，植被覆盖情况也就不同。阳坡的草木更繁茂，加上蒸腾作用，这里的气候更湿润，更适宜开发利用。阴坡则情况相反，集种种缺点于一身，人们自然不大喜欢。

知识拓展

公石头？母石头？

石头就是石头，分什么公和母呢？可在充满智慧的古人眼里，石头还真的可以分出公母来。

比如，古人就发现了两种石头，其化学元素基本一样。在山的阳面的石头，大多是红色的，主要成分是二硫化二砷（As_2S_2）和四硫化四砷（As_4S_4）。在山的阴面的石头则基本是黄色的，主要成分是三硫化二砷（As_2S_3）。人们就把阳面的石头称为公的，取名为“雄黄”；把阴面的石头称为母的，取名为“雌黄”。

雄黄能泡酒，所以就有了雄黄酒。古代端午节时，人们都会喝雄黄酒。可它一旦被加热，就会变成三氧化二砷（As_2O_3），俗称砒霜。在《白蛇传》中，白娘子就是喝了雄黄酒才现出了原形；在《水浒传》中，武大郎喝了含有砒霜的雄黄酒，一命呜呼。

雌黄是什么呢？简单来说，它就是古代的涂改液。古代用来书写的纸张是黄色的，雌黄的颜色与之相近，且覆盖力极强，同时具有防虫蛀的作用。如果写错了字，古人就把雌黄研成粉状，加水调成糊状，涂在错字上，效果非常好。

在西晋时期，有个名士叫王衍。他非常聪明，口才极佳，十三四岁时就能替父亲向上级汇报工作。因此，他被誉为少年天才。但正所谓言多必失，他时常会不小心说错话，事后马上改正。由于他的名气大，人们就称他是“口中雌黄”，后来这个词语慢慢演变成了成语“信口雌黄”。现在，人们常用“信口雌黄”来指不问事实、随口乱说的行为。

公元1080年，苏轼因“乌台诗案”被贬黄州（今湖北省黄冈市黄州区）。来到黄州后，他举目无亲，食宿困难，几经辗转，终于在好友马正卿的帮助下，租借到十亩荒地来耕种。这块地恰好位于东城门外的山坡上，苏轼因此自号“东坡居士”。这块地并不算好，位置朝东，虽然上午可以得到光照，下午光照就明显变差了。如果能换成真正的阳坡——南坡，庄稼的长势会更好。

但相比北坡，东坡不完全是阴坡，只要辛勤劳作、耕种得法，终会有所获。苦中作乐的苏东坡勤勤恳恳，困窘之境慢慢得以消解。

麓下好风光

山坡之下为山脚，也称山麓。“麓”字由“林”和“鹿”组成，表示鹿生活在有森林的山脚下。那里有水有草，地势相对平坦，遇敌害则可躲进森林，是鹿群理想的栖息之地。“山麓”

是指山地与谷地或平原间的过渡地带。

◎山麓

山麓地带往往有林木，而且随着海拔的升高，林木会有明显的变化，形成层层叠叠的错落景观，煞是好看。相比山峰和山坡，山麓广受人们喜爱，修路、垦田、盖房都可依“麓”。举世闻名的岳麓书院，就位于衡山山脉的岳麓山脚下。书院既得山岳的巍峨、秀气，又得平地的便利、阔达，自然风景独特，“惟楚有才，于斯为盛”的豪气声名远播。

地理知识提要：

★ 等高线即高度相等的各点的连线。

★ 山峰的海拔在1000米以下的，我们称之为低山；1000米至3500米的，称中山；3500米以上的，则称高山。

★ 我国东部地区的最高峰是台湾省的玉山。

★ 缓坡和山麓均与人类活动关系密切，建有各式建筑、交通设施等。

★ 我国大部分地区遵循“山南水北为阳”的原则。

[字源]

脊，背吕也。

——《说文解字》

[字解]

“脊”是个会意字。“脊”字的篆书“”，上半部像人的胸廓，脊椎两边有肋骨，下半部是“月（肉）”。《说文解字》称其为“背吕”，即“背脊”之意。“吕”的本义就是“脊骨”。脊椎动物的脊骨，突出于身体的其他部位，故“脊”字含有“高”或“凸起”之意。

随着历史的演变，“脊”字延伸为“物体中间类似脊骨的高起部分”。如“屋脊”表示房屋中间凸起的部分；“世界屋脊”是青藏高原的美称，代表着世界上海拔最高的高原；“书脊”为图书封面上连接封面和封底的部位，翻开时也有“凸起”的特征；“山脊”即山高处像脊骨那样凸起的部分。如果再进一步放宽视野，从太空中观察地球，那连绵起伏的山脉不正是大地的脊梁吗？

[字变]

甲骨文　金文　战国文字　篆书　楷书

[字说地理]

蜿蜒的巨龙

中国有句古话，叫“靠山吃山，靠水吃水”。对于山地，如何定义它并不重要，重要的是，如何使之发挥作用，成为人类生存和发展的庇护所与动力源。

◎长城

右图中的万里长城就像一条蜿蜒的巨龙，它用自己的身躯描绘着山脉的走向。这幅图中暗藏着“脊”字。“脊”字的下面是“月”，代表“肉”，像皮肤的“肤”、手脚的“脚”及胸、背、肚、肝、胆、肺等字，都带“月”字。脊背也是血肉之躯的一部分，带“月”字自然很好理解。“脊”字的上面是人体胸廓的形状。当我们鞠躬或年老驼背时，背上的脊骨就突显出来了。山也有“背脊”，人们称其为“山脊”。

◎长城与山脊

下面，我们以上面的长城的图片为例，用橘黄色的线段标出图中的山脊（如左图）。它们有的明显，有的不太明显，有的规模大，有的规模小，而最明显、最恢宏的山脊，正是长城所在的位置。长城这样建，两侧都是坡度很大的山坡，易守难攻。

那究竟什么是山脊呢？山脊就是山高处像人或动物的脊背那样凸起的部分。理解了这一点，我们就知道为什么爬长城会比较辛苦了。因为它不仅高，而且地势异常陡峭。在许多户外运动爱好者眼中，山脊的植被相对稀少，视野开阔，且不易积水，雨后道路不泥泞，便于行走。

◎山脊

还有一个有趣的问题：为什么明朝的长城与秦朝的长城修建的位置基本是重合的呢？要知道，两者之间可隔着1000多年呢！

从历史上看，中原王朝的北方边界总是位于长城附近。一座万里长城，居然成功分隔开了长城以北的游牧民族和以南的农耕民族。其中的一大秘密，就是山脊。

山脊的存在，使水汽总在一侧（迎风坡）爬升，水汽易凝结，降水较多；在另一侧（背风坡）沉降，水汽凝结弱，降水较少。长城的走向，基本与400毫米年等降水量线一致。科学实践证明，如果年降水量小于400毫米，地表植被就会以耐旱的草类为主，人们可以采取放牧牛羊的方式养活自己；如果年降水量大于400毫米，人们就可以开垦农田并获得不错的收成，比如在华北地区种植小麦等农作物。可以说，正是山脊的存在，让长城固守在原地上千年，并有效发挥了自己的作用。

历史瞭望

山脊与军事

公元前215年，在今天内蒙古的河套地区，秦朝大将蒙恬率领精兵与匈奴大军展开了厮杀。刚刚一统天下的秦国，军队士气正旺，一举击溃来敌，迫使匈奴残部远逃大漠。战胜的秦军并没有穷追不舍，而是转攻为守，30万大军以战国时期燕、赵、秦三国的北方长城为基础，沿着连绵不断的山脊，继续修筑长城。秦朝的长城，横贯东西，长达万里，形成持久而稳定的边界。

为什么秦兵不再继续向大漠方向进击呢？原来，大漠离中原太远，打仗所需的后勤物资难以保障，加上许多秦兵原是农民，要将其训练成出色的骑兵，成本非常高，远不如沿易守难攻的山脊修筑城墙划算。

群山的轮廓

山脊两侧的雨水，除了分配不均，流动方向也有差异。因雨水从山脊两侧滑落，故山脊又得名“分水岭”。我国秦岭地区的无数山脊，构成了黄河流域与长江流域的分水岭，并在漫长的岁月中演变成我国南方地区和北方地区的分界线。

或许有人会问，什么是“岭”呢？我们先看它的小篆字体“嶺”。笔画精简后，人们将下部的“領”简化为“令”，上部的“山”换成“阝”，字形变成了“陖”。究其本义，《汉字源流字典》介绍：“嶺，原本为领……兼表领起之意。”“领”的本义是指人的颈部，如领带就是系于脖子处的；作动词时，可表示“带领，引领”。

“领”加上“山”字头后，我们可以这样理解：“领”作名词时，即山的“脖子”，“脖子”之上就是“头”（山顶），所以“岭”是表示直达山顶的道路。由此看来，古人取名还是很讲究的。

如果你喜欢爬山，就会发现山名含“岭”字的，多有路直达山顶，沿途可能还有人居住。如《西游记》里的狮驼岭、盘丝岭、荆棘岭等地方，不仅有山路，沿途还有农舍、寺庙等。山名中带“岩”字的，多群岩高耸、地势陡峭，到此一定要准备好耐用的登山鞋；带“台”字的，则山势高却坡度平缓，适合漫步；带“崮”字的，则很特殊，表示一种四周陡峭、山顶平缓的山，形似方桌，故又称“方形山”，开始爬时会有些吃力，到山顶后就会很轻松。

◎岭：通往山顶之路

“领”还可以充当动词，代表对山的“带领”——群山好像听从命令一样，连绵不断、层层叠叠地呈长条状排列，一副秩序井然的样子。在我国，著名的山岭有秦岭、南岭、西岭、大兴安岭等，远远望去，均呈绵延起伏之状。那弯弯曲曲的山体轮廓，基本上是以山脊为主。

简言之，山脊是一条狭长而两侧陡急的高地，山岭则由绵延的山脊、山峰组成。举目瞭望，众多高山的山脊，彼此层叠，相互交织，深浅不一，共同勾勒出区分天空与大地的粗犷线条。

地理知识提要：

★ 迎风坡水汽易凝结，降水较多；背风坡水汽凝结弱，降水较少。

★ 秦岭既是黄河流域与长江流域的分水岭，也是我国南方地区和北方地区的分界线。

★ 山脊是狭长而两侧陡急的高地，山岭则由绵延的山脊与山峰组成。

★ 400毫米年等降水量线是我国种植业与畜牧业的分界线。

[字源]

谷，泉出通川为谷。

——《说文解字》

[字解]

在地理中，“山脊”与“山谷”一个在高处，一个在低处，彼此相对。苏轼在《后赤壁赋》中说“山鸣谷应”，即高山发出声响，深谷回声相应。

◎壮美的河谷

“谷”是一个会意字，其甲骨文字形“谷”，上半部像流水的样子，下半部是一个“口”的形状，表示出口、出处。从两者的结合就不难知道，谷是指水流不断的通道。山谷往往地势较低且狭窄，所以又引申出“困难”之意，比如今天仍在广泛使用的“低谷”“进退维谷”等词。

[字变]

甲骨文　金文　篆书　隶书　楷书

[字说地理]

山脊与山谷是相生相伴的兄弟，是人们认识和利用山地资源的“门槛”。如果能看懂其中玄妙，那么天下山川的秘密也必将尽在囊中。

沟“谷”集水

“谷”有两种解释。

第一种解释说“谷，口上阿也”。所谓“口上阿”，是指上嘴唇到鼻子间的中间凹陷、两侧凸起的位置。这个位置被中医称作“人中”，其中凹陷的部分叫“人中沟”，两侧隆起的是“人

◎元·黄公望《天池石壁图》

中嵴”。“嵴”即凸起的脊线，“沟”即流水（鼻涕）的谷线。

我们照镜子看一看，是不是很形象？充满智慧的古人，将人脸与大自然联系了起来。两条隆起的山脊线之间，往往会有狭长的凹陷部分，那里就叫“谷”。谷中若有水，则叫涧谷、溪谷或河谷；若曲径通幽，则叫幽谷；若林木丛生，则叫林谷；若村舍点点、炊烟袅袅，则叫村谷……元代著名画家黄公望在73岁时，画了苏州以西的天池山，画面右侧的山谷，十分生动形象。

第二种解释则更为深入，“谷”字的上半部“”和“水”有关。水的甲骨文为“”，中间的“”表示规模较大的河流，四周的“”表示飞溅而起的水花，也可引申为较小的水流。“谷”字的上半部正是“”的变形；下半部的“口”不是口舌的口，而是山谷的出口。

大家还记得作为分水岭的山脊吗？山谷与它相反，是汇集雨水、溪水的地方。“谷”字的“画面”取景于大自然，意义也很明了，即“山间的流水道”。

以上两种解释共同揭示出山谷的形象是中间凹、两侧凸。这在古代的绘画作品或地图中，均有直观呈现。但换成现代的等高线地图，就是另一回事了。下一面的左上图还原了等高线地形图的基本画法：按照相同的等高距，形成一圈圈闭合的等高线；等高线的不同组合，揭示着不同的地形。山谷有什么特征呢？我们在图中用蓝色线段标识。

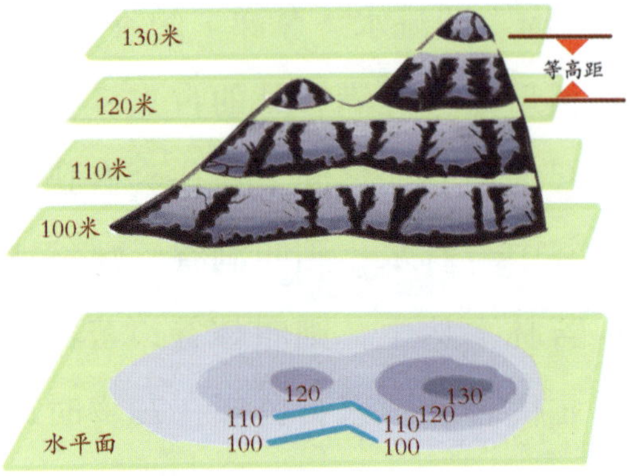

◎等高线地形图

巧了，蓝线的形状，正与“谷”字的“仌”相近。我们甚至可以把“仌”视作一上一下的两条等高线（如右上图中的蓝色部分），共同凸向高处。当然，稍需一提的是，并非所有的山谷都有水。山区若有河流发育，通常会流经山谷。

放在世界文明中

“谷”是一个自带动感的汉字，揭示着山谷上陡下缓，谷中河道上细下粗、水质上清下浊的特质。我们的祖先对此早有认识，譬如在汉字中，“人”和“山”组合成“仙”，“人”和“谷”组合成“俗”。所谓“仙”，是指仙人，传说中常住在云雾缭绕的山中，如昆仑

◎“仙”与“谷”的趣释

山、蓬莱山、武当山等。仙人们之所以选择这种地形，除了这里远离喧嚣、适合避世静修，还与这里空气纯净、水质优良的环境有关。

仙山也好，仙人也罢，均少不了传说与想象的成分。所谓“俗”，却是真真切切的。因谷底的地形、水源、植被条件好，渔樵耕读，引车贩浆，熙来攘往，好不热闹。这里烟火味浓，是芸芸众生讨生活的好地方。“俗气”“俗务”“俗人”均由此而来。

文化加餐

山谷与五谷

相传在远古时期，人们起初以采集野果和打猎为生，但随着人口的不断增加，食物慢慢地不够吃了。有个叫后稷的青年对首领女娲说，他要寻找一些种子种出粮食当作主粮。女娲觉得可行，不仅同意了，还让她的五个儿子跟着后稷一起去寻找。

◎五谷

后稷是个很细心的人，不管找到什么草籽，都要嚼一嚼，觉得味道不错的就留下来。功夫不负有心人，他们总算找满了五袋子的粮种，并在五个山谷中精心播种。后来，人们就以后稷等人的名字给粮食命名，又因粮食是在五个山谷中种成的，就把粮食统称为五谷。

除了农业，山谷在军事上的作用同样不可小觑。公元234年春，诸葛亮带兵35万驻扎于祁山，司马懿调集40万兵马，在渭水一带摆开阵势。诸葛亮察看地形时，发现渭河以南的上方谷地势低洼，形如葫芦，入口处狭窄，而谷内却能容纳千人。于是，妙计顿生。

诸葛亮令士兵把干柴、硫黄等堆藏于谷中，同时在两侧高山上埋伏精兵，诱敌深入。当司马懿大军进入谷内，忽闻一声巨响，山上滚下无数木头、石块堵住了谷口，紧接着，谷内的干柴也被火把引燃。刹那间，谷内成为一片火海。司马懿心如死灰，以为这次在劫难逃，忽然狂风大作，大雨瓢泼。这场及时雨浇灭了熊熊烈火，让司马懿绝处逢生。他带领人马乘势冲杀，突破重围。诸葛亮知道后，不禁长叹一声："谋事在人，成事在天！"

难道这场雨真是天意吗？未必。山谷这一地形，两边高，中间低，不利于空气流通。谷内起火后，气温骤升，在空气与地形的共同作用下，热气流升腾，形成"对流雨"。

当然，我们不能苛求古人知晓这些科学知识。事实上，因山谷的存在而影响或改变军事、政治、经济、文化、语言等的案例，数不胜数。古希腊文明被称为当代西方文明的摇篮，对西方国家的影响深远。从自然地理的角度看，希腊多山，土壤肥沃、水源充足地带均在山谷，人群也聚居于山谷。因山谷众多，聚落零散，便慢慢发展成更多的城邦。

“谷”有不少兄弟姐妹，比如峡。“峡”的左部为“山”，右部为“夹”，合起来表示“两山所夹的狭长地带”。我们熟悉的带“峡”字的地名很多，譬如长江三峡、虎跳峡、雅鲁藏布大峡谷等。“峡”不仅有水，而且比一般的山谷更“深”，准确地说，峡谷的深度超过其宽度。

◎篆书的「峡」与「涧」

◎虎跳峡

再如“月出惊山鸟，时鸣春涧中”中的“涧”，左部为“氵”，右部为“间”，合起来表示“山间流水的沟”。通常来说，“涧”表示山谷中清澈的溪水。

总而言之，“谷”的山地地形，对我国的文明和历史产生了巨大的影响。据考证，黄帝因生于轩辕谷，故又名“轩辕”；神农氏最早居于羌谷、羌水；战国时期的纵横家、谋略家鬼谷子，居于“鬼谷”而名闻天下……直至今日，山谷、河谷、峡谷仍与我们的生活与生产息息相关，并持续为人类的繁衍生息做出巨大的贡献。

地理知识提要：

★ 山谷能汇集雨水，易成为河流的发源地。

★ 从特征上看，山谷上陡下缓、上细下粗、上清下浊。

★ 关于五谷，古书中有不同的说法，通常指稻、稷、黍、麦、豆。

★ 峡谷受流水侵蚀而成，其深度超过宽度。

第二章

高丘之上

说说丘陵那些事儿

本章思维导图

丘：自然而成
陵：人工而成
组合
“天人合一”的体现
（邱）
人类聚居之处
邑
土木建设
夯
岩溶景观
（穴）
石
峰林地貌
峰
山水漓江
流水侵蚀
（土）
地球内部圈层
地壳
地核
地幔
重要的经济作物
茶
种在丘陵上

[字源]

丘，土之高也，非人所为也。从北，从一。一，地也。

——《说文解字》

[字解]

“丘”字的甲骨文是“”，像两颗锋利的牙齿。其实，它与山有关，字形也与“山”相似。“山”的甲骨文是“”，有三个山峰；“丘”的甲骨文“”只有两个山峰，不仅数量上少，高度上也低。在金文中，“丘”字变身为“”，下面一横代表地面，意为两山间的沟壑，也有人说是指两山之间的小土山，突出了“低”的含义。篆书一脉相承，写作“”，上部的两个小山峰看起来很像“北”字，所以《说文解字》里讲它“从北”。

[字变]

甲骨文　金文　篆书　楷书

[字说地理]

《说文解字》中，“丘”的本义是小土山。古人为什么要给小一号的土山单独起个名字呢？我们来一探究竟吧！

走近山丘

“丘”在早期人类文明中起着很大的作用，特别是在军事方面。大家看“兵”这个字，其中就包含着“丘”。古希腊的许多城邦都有自己的卫城，卫城建在城邦的最高处，在战时发挥堡垒作用。

历史瞭望

雅典卫城

公元前490年，强大的波斯帝国为了扩张，出兵攻打希腊。波斯大军在欧洲一路横扫，打了很多胜仗。但是，等到对战雅典时，他们却遭到重创，损失惨重。

传说雅典建城时，海神波塞冬和雅典娜都想当这座城池的保护神，于是“众神之王”宙斯决定：谁能给雅典居民带来一件他们认为最有价值的东西，谁就是雅典的保护神。

波塞冬用三叉戟敲了一下身边的石头，里面居然跑出一匹骏马！雅典娜用长矛敲了一下身边的岩石，石头上长出一株橄榄树！雅典人认为骏马象征战争，而橄榄树象征和平、富饶，于是选择了雅典娜当他们保护神。

愿望虽然是美好的，但并不能帮助雅典躲避战火。真正庇护雅典的，是建于丘陵之上的卫城，也叫防卫要塞或军事城堡。

雅典卫城建在高出雅典市约150 米的山丘上，是古希腊所有卫城中最大的，所以雅典也叫“高丘上的城邦”。从地理的角度看，雅典建于丘陵之上，雅典卫城居其最高点。

我们再进一步拓宽视野，看看欧洲的其他城市。意大利的首都罗马，由于建在七座山丘之上而被誉为“七丘城”。葡萄牙的首都里斯本同样建在七座山丘之上，也被称为“七丘城”。

世界上采取英里、英尺、英寸等英制单位的欧美国家，将丘陵的高度上限定为2000英尺，约610米。美国俄克拉荷马州有座高1999英尺的低山，是世界上海拔最高的丘陵。在我国，丘陵一般是指海拔在500米以下，峰谷间高度差小、起伏不断的低缓山丘。

人造之“陵”

丘陵在名山大川里，丝毫不显眼，但在平原中，它可是“矮子里面的将军”，出尽了风头。我们的祖先，从殷商时代开始，就居住在黄河中下游地区的地势稍高处，因此那里的地名多有带“丘”字，如河南省的商丘、封丘、葵丘，河北省的内丘等。

有人可能反驳：山东省曲阜市有座340米高的尼山，海拔不到500米，怎么不叫“尼丘”呢？这里有一个脍炙人口的典故。

历史瞭望

两千多年前，孔子的父母叔梁纥、颜徵在曾到尼山上向神明祷告，希望能求得一个儿子。鲁襄公二十二年（公元前551年），在一次祈祷结束后，叔梁纥扶着已经怀孕的颜徵在，来到尼山下的一个山洞休息。颜徵在突然一阵腹痛，生下了孔子。后来，孔子成为万世敬仰的圣人，人们为了避孔子的名讳（孔子名“丘”），就把“尼丘”改为“尼山”。

看来，丘陵还真是中华民族的福地呢！矮，虽然是丘陵和山地相比的一个特征，但也正因如此，才使得它和人类的关系更亲近。

我们再说说丘陵的“陵”。“陵”字中的“阝”（左耳旁），在甲骨文中写作“”或“”，一看便知与山有关；那另外半边呢？不妨看看其甲骨文的字形“”——上方是“人”（“”），下方为脚趾的“趾”（“”），合起来表示一个人在登山、爬高。这个原意，金文依旧保留了下来，甚至那个爬山的人“”也越发可爱了；篆书的字形继续改变，“人”的样子已经不容易辨别了。下面是“陵”的字形演变过程：

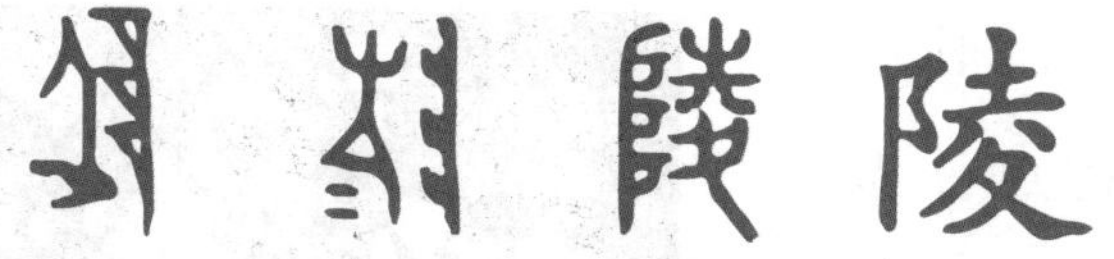

甲骨文　金文　篆书　楷书

“丘”表示一种自然形成的土堆，这种说法是令人信服的。那为什么要将“陵”与“丘”组合在一起呢？这就和文化有关了。古代的帝王，生前要住豪华宫殿，死后也会大修坟墓，那些坟墓的封土（墓穴上方高出地面的土丘，也叫“坟头”）往往高大如山，称为“陵”。

在历史上众多的皇家陵寝之中，规模最宏大、保存最完好的莫过于秦始皇陵了——它的封土在修建之初便高达115米，哪怕经过了两千多年的风雨洗礼，至今仍然有76米高。知道了这一点，大家就明白了：“陵”是一种低矮的人造山丘。因此，人们常用“丘陵”表示起伏较小的山。

从“陵”字的演变看，它本有“攀爬”的意思，而“攀爬”则意味着有人类文明的存在；即使后来它用于表示“陵寝”“陵墓”等含义，也依然离不开人与自然的相互作用。我们的祖先极富智慧，他们用造字的方式，把“丘陵”与“山地”的最大差异呈现出来了：丘陵往往和人类的生存、繁衍关系更紧密，山地呢，则有点相形见绌了。

大家不妨这样想，山地由于太陡、太高，建房造路均不太方便。丘陵的高度则“友好”多了，坡度较缓，顶部浑圆，其上常有平地，更容易被利用。比如，西湖景区著名的雷峰塔就耸立在丘陵之上。

◎肥皂车比赛现场

今天，人们利用丘陵坡度缓的特点，做了很多有趣的事。比如，许多人喜欢打高尔夫，而高尔夫球场一般建在丘陵上；在西方国家，人们经常会举行肥皂盒车比赛——将肥皂盒改造成车子的模样，人坐在里面顺着山坡“冲”下来，非常刺激！

小身板　大作用

丘陵虽然不挺拔、不雄伟，但毕竟有一定高度，不像平原、洼地，因而很少有被洪水吞噬的危险。考古发现，世界上最古老的文明发源地之一——西亚地区的幼发拉底河和底格里斯河中下游的“两河流域”，那里的农田、聚落都位于地势稍高的丘陵或低山地带。

丘陵在欧洲历史上的作用，一点儿也不逊色于西亚。我们都知道，欧洲地势低平，有着大量的低山、丘陵和平原。很奇怪的是，大块大块的平原地区，如东欧平原，并没有最先孕育出灿烂的文明，相反，欧洲的古罗马文明和古希腊文明都孕育于山地、丘陵地带。

高海拔的山地并不宜居，像如雷贯耳的奥林匹斯山，只能由传说中的宙斯及其众神团队占据。平原地区因常年受海风影响，雨多，农作物难以得到充足的光照，植物只长叶子不长果实，即便长了果实也不饱满，产量和质量都不行。人类显然不会太喜欢这样的地方。

由于平原和高山的“困境”，欧洲人不得不依托丘陵或低山来建设自己的家园。

欧洲城市主要分布在临近水源的丘陵，或丘陵与平原混合的地带。若从自然灾害防御的角度看，阿尔卑斯山脉等高大山脉就像许多高墙，共同阻挡着“不怀好意”的气流，使欧洲的“小身板”不会像北美大平原那样，动辄受到寒流或飓风的袭击。简单来说，地形为欧洲人竖起了一道安全屏障。

欧洲人还把对生活的理想、对未来的憧憬，放眼到丘陵之外的海洋，开始发展远洋贸易，慢慢地，一个充满了自由、冒险精神的海洋商业文明就形成了。

地理知识提要：

★ 丘陵是海拔在500米以下，峰谷间高度差小、起伏不断的低缓山地。

★ 丘陵与人类关系密切，“陵”为低矮的人造山丘。

★ 丘陵的坡度较为和缓，顶部浑圆，其上常有平地。

★ “两河流域”及欧洲的主要文明，多孕育于丘陵、低山地带。

[字源]

土，地之吐生物者也。二象地之下、地之中，[丨]物出形也。

——《说文解字》

[字解]

丘陵还有一个重要的特征，得从“土”字说起。“土”字的甲骨文“”形如一颗从地底下倔强地钻出来的种子。“”下面的一横代表地面，说明种子多是种植在比较平坦的地形上的，而丘陵的地势恰恰符合这一要求。

“土”字的金文“”和甲骨文没有太大区别。到了篆书，“土”字才发生明显的变化，写作“土”，与今天的样子几乎完全相同。《说文解字》的作者许慎，也是以篆书为标准，认为其中的一竖表示向上生

长的植物幼苗，上、下两横表示大地之下、大地之中。整体上理解，该字描绘的是一株幼苗破土而出的画面，强调了土壤的孕育功能。

[字变]

甲骨文　金文　篆书　楷书

[字说地理]

从岩石到土壤

东汉时期的学者许慎并没有现代地理学知识背景，但他对“土”字的解释，却常常被现在的地理老师引用。

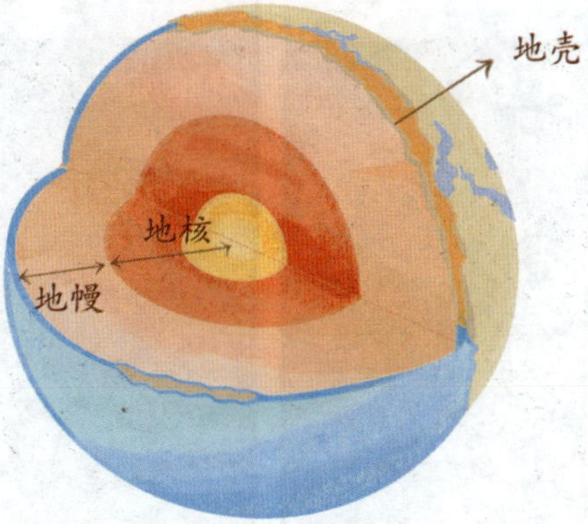

当我们把地球“切”开，里面的结构就像鸡蛋一样，有“蛋黄”(地核)、“蛋白”(地幔)，还有“蛋壳”(地壳)。“蛋壳”非常薄，主要由岩石构成，土壤就分布在地壳的表面。

◎地球内部构造示意图

“土”字的构成中，有上、下平行的两横。许慎解释为“地之下、地之中”，这在地理学中正巧可以用地壳（地球表面由岩石组成的外壳）的知识来解释：上面一横是地平面，下面一横是地壳的上界。土壤来自哪里呢？科学研究发现，土壤源自风化之后的岩石残留物。

“土丘”是一个常见到几乎被我们忽略的词语，其中却大有学问。地球在形成之初是没有土壤的，地面上到处是喷发的火山，以及没完没了的大小地震。不知道过了多少年，等到一切终于消停下来，那些由冷却的岩浆变成的岩石，或是其他种类的石头（形成土壤的物质基础，也称基岩），在烈风、暴雨等的“软磨硬泡”下慢慢变得疏松、破碎……直至“粉身碎骨”成为细小的颗粒，变为成土母质。

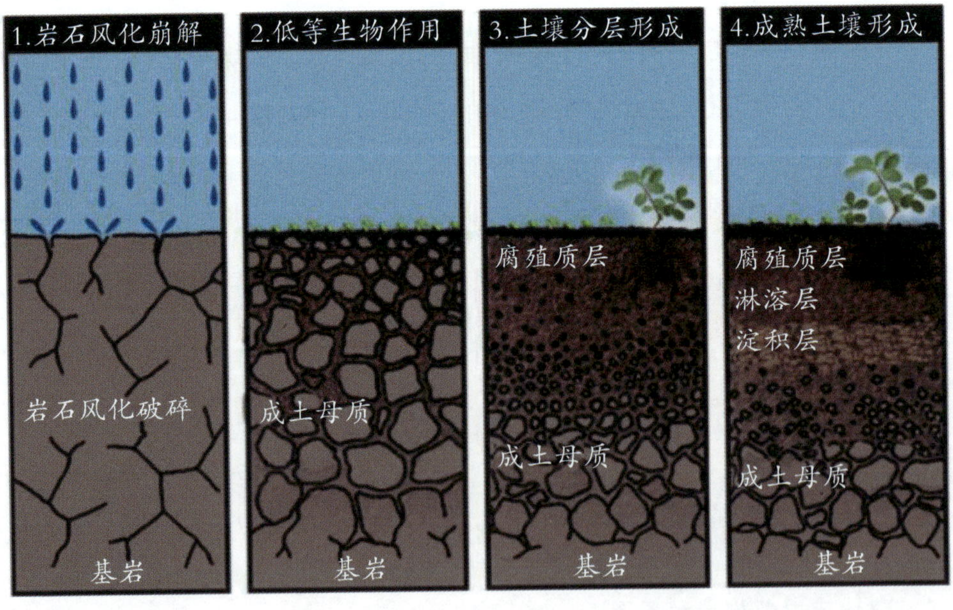

◎土壤的形成

这些颗粒又经过漫长岁月的洗礼，里面混合着的动物粪便、残骸等成了腐殖质。在气候、生物、地形等的相互作用下，土壤形成了。

这就是土壤形成的大致过程。

成熟的土壤来之不易，与地壳的厚度相比，它只是薄薄的一层，却珍贵无比——它的形成需要足够的时间累积，更需要诸多条件的配合。要知道，地球上的很多地方并没有它的身影。

与高山相比，丘陵的“身板”小，它的上面更容易被土壤覆盖；而高山因坡度大，在重力、雨水等作用下，山土很难厚积。“土”字中的“丨”，表示扎根于土壤内的小苗。孕育生命，正是土壤的秘密所在，也是丘陵带给人类的特殊馈赠。

文化加餐

泥土造人

在世界各地的神话传说中，“人”的生命是如何起源的呢？我国的神话传说是“女娲造人”，女娲用黄土和水混成泥巴，仿照自己的样子造出很多小泥人。后来，女娲觉得一个一个地捏人太慢，就用一根藤条沾满了泥浆，然后随手一甩，飞溅出的泥浆落到地上，就全都变成了人。在古希腊神话中，普罗米修斯用河水和黏土，按照天神的模样捏塑成一种形体。为了让它具有生命，他就把动物的灵魂封闭在泥人的身体内，雅典娜女神又吹了一口仙气，泥人就活了过来。

“茶”土传说

亚洲人、欧洲人、非洲人、大洋洲人的祖先，都认为人源自泥土。这些“巧合”是如此神奇。联系到自然界的植物生长，会发现：土壤里不仅能长出填饱肚子的庄稼，还能长出各类可以卖钱的经济作物，比如茶叶。

茶的最初身份，你肯定想不到，那就是中药。传说中华农耕文明的鼻祖神农氏，生得与常人不同，“乃玲珑玉体”，身体透明，他可以看见自己的五脏六腑。一天，神农氏在山中尝百草时中毒，腹痛难忍，他看见自己的肠胃正在慢慢地发黑成斑。当时，他正倚靠在一株半人高、四季常青的灌木——一种古老的茶树下，情急之下伸手抓了几片树叶吃下去。

说来奇怪，不一会儿，神农氏便看见吃下的树叶在自己肚子里上上下下不停游走，所到之处黑斑渐渐变淡，几个来回后竟完全消失了，肚子也不疼了。神农氏立刻领悟到这树叶具有解毒的神奇功效，此后再碰到有毒的药草，他都会服用茶叶。所以，《神农本草经》中说：“神农尝百草，日遇七十二毒，得荼（茶）而解之。”

◎茶叶

茶的老家在我国。“茶”字的设计，可以说是匠心独运，叫人称奇。从字形上看，上部为“艹”（小草），像嫩嫩的芽，位于顶部；中部是

“人”，像树冠，位于中上部；下部为木，代表树干，说明它是木本植物。“茶”字整体上看就是一棵挺立的茶树。

我国的茶大多分布在东南丘陵。这里是我国最大的丘陵地区，在全世界都是赫赫有名的，位于长江以南、云贵高原以东，覆盖了安徽、江苏、浙江、湖南、福建、广东、广西等省区。在那里，你会看到大片大片的红色土壤，加之地形高低起伏，站在其中就好像身处一片红色的海洋。

◎红壤

如此鲜艳的红色是从何而来呢？为说明这个问题，不妨打个比方：你吃过梨吗？咬过一口的梨，放置一会儿，咬过的地方表面就会变色，而且时间越长，变色的面积就越大。这是由于梨肉与空气中的氧气相遇后，发生了化学反应（俗称“氧化”）。同理，红壤里面含有丰富的铁元素，长期暴露在空气中，也会产生类似的化学反应。此外，红壤中还有大量的铝元素，氧化后成为褐色的氧化铝，颜色近乎深红。

红壤呈酸性，种植普通的植物效果并不好，但种植茶树非常适宜。红壤中的酸性可以有效地中和掉茶叶中的碱性，使其口感不再苦涩。在气候湿润的地区，每当下雨，红壤就可以吸收一定水分；同时由于丘陵具有倾斜的坡面，即使出现积水也能很快排出来。这对于需要水却又不宜太多水的茶树来说，简直是量身定制的绝佳条件。

福建的武夷岩茶、安溪铁观音都是上好的茶叶。我国湖南省有个地方叫“茶陵”，从名字里有“茶”、有“陵”来看，这里恐怕少不了丘陵、山地，更少不了让人们走向富裕之路的茶叶。事实上，一切正是这样。

当然，丘陵地区除了种植茶树，还可以种植果树、竹子、樟树等。欧洲地中海沿岸的丘陵地区还种上了橄榄，榨出的橄榄油具有极高的经济价值。在古代的奥运会上，给获胜者的奖励就是橄榄枝或用橄榄枝编织的物品。

地理知识提要：

★ 地球主要由地壳、地幔和地核组成，就犹如鸡蛋的蛋壳、蛋白和蛋黄一样。

★ 茶是丘陵地区重要的经济作物。

★ 土壤是指地球表面的一层疏松的物质，由各种颗粒状矿物质、有机物质、水分、空气、微生物等组成，能生长植物。

★ 东南丘陵是我国最大的丘陵地区，其红壤对种植茶叶十分有利。

[字源]

穴，土室也。

——《说文解字》

[字解]

丘陵除了在地面之上有学问，地面之下依然有秘密，如“穴”。“穴”字的外形与倒置的“丘”的甲骨文“”相似，是指地面下方的地形。

我们的祖先是怎么居住的呢？据考证，穴居就是一种重要方式。有的是在平地上挖出向下的土穴，穴顶用木条固定，再覆盖泥土；更多的是直接利用天然的石洞、山洞，稍加改造，就成了居住之所。《广韵》中说“穴，窟也”，意思是“穴”字的本义是窟窿、孔洞。大家熟悉的“穴位”“孔穴”等词汇，都带有这个含义。

若是把“穴”拆开，上部的“宀”，念“mián”，甲骨文中就有这个字，它取自房屋的侧视形状，本义即房屋；下部的“八”，表示支撑洞穴的岩壁，或者人造的支撑物。

[字变]

甲骨文　金文　篆书　楷书

[字说地理]

水滴“穴”穿

由于字体构造比较简单，从甲骨文到现代楷书，“穴”字的模样并没有太大的变化——这说明，我们中华文化的连续性优势特别明显，哪怕是没有学过古文的人，现在读三四千年前的某些文字，也毫无压力。

说起“穴”，大家还记得陶渊明写的《桃花源记》吗？他说武陵郡（今湖南常德）有个渔夫，一天顺着溪水行船，不知是走神还是什么原因，竟走了岔道，误入一片美丽的桃花林。桃林的尽头有一座山，山上有个小洞口，里面仿佛有光亮。他下了船，壮着胆子从洞口进去了。在洞里，他看到的居然是一个敞亮、宽阔的奇异世界。

◎世外桃源图

后人称这个世界为“世外桃源”。陶渊明所写的地方真的存在，还是他编出来的？这个问题，很难有一个令所有人都信服的答案，但“洞穴”作为一种最早、最安全的定居之地，却是真实存在的。人类从洪荒走来，身上也带有源自洪荒的记忆——那些天然洞穴，曾是我们祖先的家，庇护他们躲过重重磨难，发展壮大，才一路走到了今天。

古代文献中有“因岩为屋”的记载，也就是说利用天然岩石建造房屋。今天的汉字中，穹、窝、窖、窗、帘等带有“穴”字头的汉字，均与建筑有关，而宽、窄等字，又与空间有关（利用洞穴，就是利用空间）。

洞穴常常和山崖、岩石相关，证据也在汉字中。给大家看两组关于房屋、宅院的汉字：“厅、厦、厢、厩”和“廊、库、庭、庙、府”。不难发现，前一组里都有“厂”，后一组字里都有“广”。“厂”与“广”都有山崖的样子，其中的横是指崖顶，撇是指陡峭的崖壁。它们在甲骨文中都写作“”或“”。大

家看“石”这个字（见下图），上面就是“厂”字的变形，下面的“口”则是石头的象形。

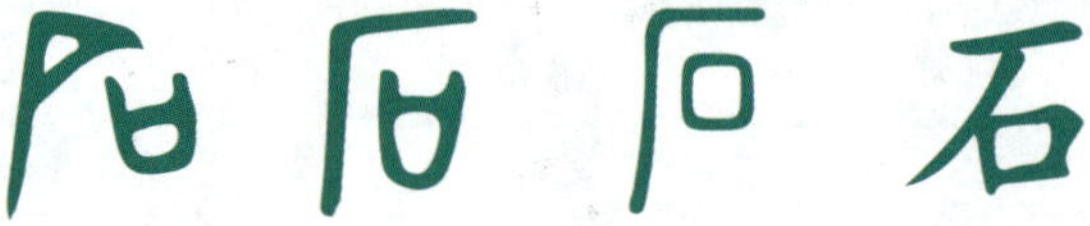

甲骨文　　金文　　篆书　　楷书

石洞从何而来呢？不妨从成语“水滴石穿”说起吧。

宋朝罗大经的《鹤林玉露》一书中有这样一个故事：有一个守库的人，因贪心偷了一枚铜钱，县官发现后拷打他。他却不服地说：“一枚小铜钱有什么了不起！”县官听后，挥笔写下判词：“一日一钱，千日千钱，绳锯木断，水滴石穿。”

在人们的常识中，水从高处落下所产生的冲击力，会不断地侵蚀石头，日积月累，就把石头“滴”穿了。实际上，情况并非这样简单。地球上的石头有很多种，别看它们都是硬邦邦的，其实有些是“软骨头”，也就是说，有些石头是可溶于水的。

有一种著名的“软骨头”叫石灰岩。它在地球表面分布很广，我国四分之一的地区有石灰岩分布。当水滴到石灰岩上时，不仅有物理的机械作用，还悄悄发生了化学变化：水吸收和溶解了空气中的二氧化碳，变成了碳酸水，碳酸水遇到石灰岩产生反应，生成了新的物质。

简单来说，水滴的滴落，正是水溶蚀石灰岩并冲走溶蚀物质的过程。这个过程被称为岩溶作用。所谓“岩溶”，即“岩石溶解”的意思。它还有个洋名，叫喀斯特作用。喀斯特原为斯洛文尼亚西部与意大利交界处石灰岩高原的名称，那里有典型的岩溶景观。

在持续不断的岩溶作用下，岩石的“溶化”速度会越来越快。在自然界中，河流切割山脉，除了冲刷、磨蚀等破坏力外，许多情况下也同时发生了岩溶作用。

长江三峡就是一个石灰岩分布区。这里一定发生了大量的岩溶作用，长江才能把三峡彻底切穿，让四川盆地的众多水系有了一个出口。如果仅靠流水的“蛮力”冲刷，恐怕四川盆地至今还在水下呢！

别有洞天

我国的丘陵地区，像皖东丘陵、东南丘陵，有许多岩石是石灰岩。那里的岩溶现象可比长江三峡普遍多了，而且更典型。除了幽谷，人们更津津乐道于由它形成的各种溶洞。

◎张家界的天坑湖

以世外桃源为例，武陵渔人在洞内看到“有良田美池桑竹之属”“阡陌交通，鸡犬相闻”。洞里应该是黑暗的，怎么能种田、植桑树呢？看来这很可能是一种特殊的溶洞——天坑。天坑是一种大型的地下溶洞，只是因为它的“天花板”（石灰岩顶部）被溶穿，出现了崩塌，所以阳光可以直接从顶部射入其中。

◎天生桥

天生桥，又称喀斯特桥，是另一种奇特景观。“天生”的意思是“自然而生”，天生桥就是指自然界中类似于“桥”的景观。广西的喀斯特地貌特别典型。广西乐业县的布柳河上就有一座天生桥，当地人叫它“仙人桥”。这座桥原来是溶洞的一段，后来溶洞顶盖处的岩石被溶蚀出两处塌陷，露出了两片天空，很像双筒望远镜的两个镜片，两个“镜片”之间没有塌陷的部分就形成了一座横跨布柳河的天生桥。与其说它是桥，倒不如说这是一个“有想法的溶洞”，一洞贯穿石灰岩山丘，从而使山那边的世界一目了然。

“洞”这个字非常有味道。它既是名词，表示“洞穴、空洞”，又是形容词，有“洞穿、穿透”之意。它甚至还有完全相反的两层意思。洞穴里面通常是暗无天日、晦暗不明的，“黑洞”一词就取这一意思；它又是很私密、很隐秘的，所以“洞房”一词就代表着隐秘。“洞”还有“明亮”的含义，明代归有光的《项脊轩志》中有“日影反照，室始洞然”一说。除了“洞然”，“洞察、洞见、洞悉、洞明”等词也都有清晰、明了之意。

为什么会有这样的现象呢？这依然与古人对洞穴的了解有关。从北京猿人和山顶洞人算起，人类住在洞穴里的历史惊人的漫长，对洞穴的理解自然也就非常深刻。

溶洞的“天花板”塌了一处的叫天坑，塌了两处的叫天生桥（天生桥的形成也有其他的原因），那完整的溶洞是什么样子的呢？巧了，答案就在“洞”字身上。

“洞”的左半边是“氵”，溶洞之所以能溶，最重要的就是有碳酸水。碳酸水虽然是把软刀子，但长年累月，再厚的石灰岩它也能溶解。

“洞”的右半边是表示发音的“同”，兼具表意的功能：外面的“冂”是一个门洞的形状，就好像“穴”字中的“宀”一样；“冂”内的一横表示溶洞顶部的水流，这些水一边流淌一边溶解岩石，再缓缓滴落下来；“冂”内的“口”表示地面或岩壁

洞底一颗颗似珍珠的，叫穴珠

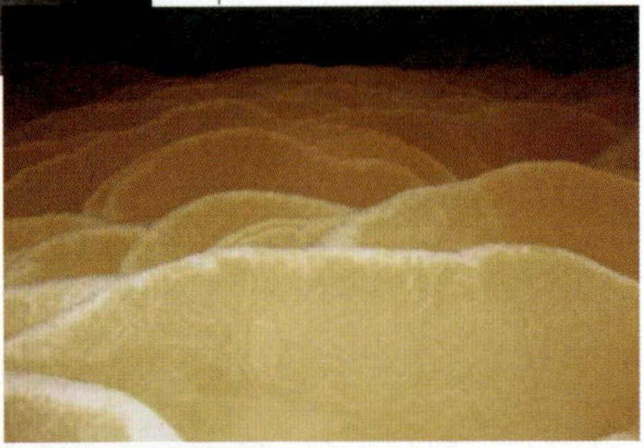

地上一排排如小型水坝的，叫石坝

“石瀑布”

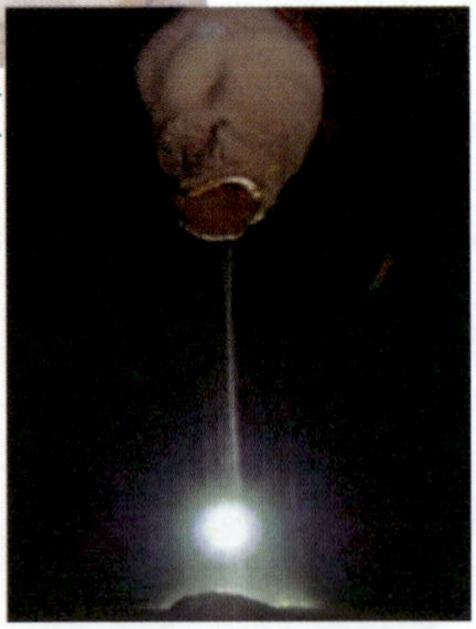

让人充满想象的“水龙吐珠”

◎溶洞内的各种景观

上的岩石，具体来说是指石笋、石柱、石坝、石莲花等一系列精巧的石头物件。

溶洞内最常见的是一对“兄弟”：钟乳石和石笋。悬在溶洞洞顶上的像冰锥的物体，就是钟乳石，它像冬天屋檐下长长的冰凌。它是碳酸水滴落时形成的。碳酸水很神奇，它像魔术师一样，不仅能把岩石“变没了”，还能把新岩石“变出来”。

洞顶的水，“滴滴答答”地不断滴落。你不妨把这“天花板”想象成三明治，外面两层面包片是岩石，中间夹着的果酱为碳酸水，用力挤压（岩石的重力作用）时，果酱就会被挤出来。

◎钟乳石

洞顶的水滴下来，进入溶洞这样宽阔的空间，压力瞬间释放，水中的化学物质就变成了白色的沉淀物。年复一年，滴水的地方就形成了似钟乳的石头，即钟乳石。

溶洞的地面上长着不少石笋，它与钟乳石是天生的一对，由滴落在地上的碳酸水形成。现在不难发现：源自同一滴水处的钟乳石和石笋，一个向下生长，一个向上生长，只要时间足够久，最后两者总会胜利“会师”，并形成一个完整的石柱。石柱矗立在溶洞里面，非常有气势。

看到这里，你已经觉得溶洞很神奇了吧？其实，溶洞不仅仅地下有，地上也有，而且还是你想不到的形式——丘陵和低山。它们的形成过程，和溶洞的形成有相似之处，密密麻麻，数量惊人，被称为“峰林地貌”。下面的示意图，是其形成过程：

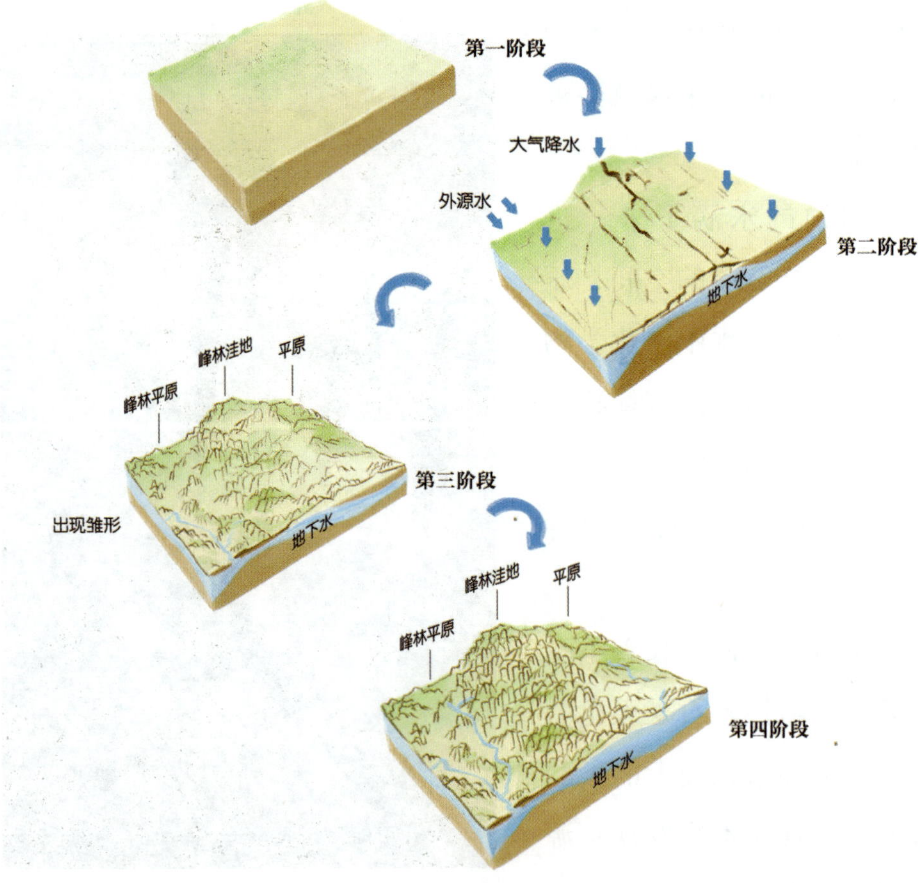

◎喀斯特地貌的形成过程

◎秀丽的漓江山水是我国著名的喀斯特景观

桂林漓江的两岸，有着无数的低山、丘陵，正是典型的峰林地貌。它们外表看起来无比秀气、妩媚，内部却有着数不尽的溶洞，彼此相连，错综复杂。夸张一点说，漓江两岸连绵起伏的山丘，都是一座座“倒悬”在地上的洞穴啊！

地理知识提要：

★ 石灰岩是一种可溶于水的岩石，在我国分布广泛。

★ 天坑和天生桥都是顶部发生塌陷的大型溶洞。

★ 由钟乳石形成的石芽、石笋、石柱等，均是喀斯特地貌（地下部分）的典型景观。

★ 桂林地区的峰林地貌是典型的喀斯特地貌（地上部分）景观。

[字源]

邱，地名。

——《说文解字》

[字解]

据《说文解字》记载，“邱”最初表示地名。周朝时期姜太公受封于齐国，都城在“营丘（邱）”，也就是今天的山东省临淄县。这样看来，“邱”似乎平淡无奇。其实，它可藏着一个很大的秘密。

“邱”的左半边是丘陵的“丘”，右半边是“阝”。在许多汉字中，“阝”在左边时，是个竖着写的“山”字，含义往往与“山”有关；当“阝”在右边时，就是一个“邑”字了，意思完全不同。

“邑”的下部“㔾”，是一个“人”字，这种写法在古文中很普遍。“邑”字的上部的“口”，不是“口”，而是表示围成一圈的城墙。上、下两部分相加，则表示拥有一定人口的小聚落。

有了这些知识作为铺垫，“邱”字的意思就明朗了：由“丘”（大自然）与“邑”（人类社会）组合而成，表示人类对自然环境的改造和利用，非常贴切地反映出我国人民古老而富有智慧的思想——天人合一。

[字变]

篆书　　隶书　　楷书

[字说地理]

客家人的奇迹

虽然“邱”字的意思可以追溯到非常古老的时代，但这个字本身却很年轻。或许你很难相信，“邱”字首次被造出来，是在1725年。这一年，雍正皇帝为了避讳（圣人孔子名“丘”，后世的人名、地名会回避这个字，以示敬重），便在群臣的商议下，给“丘”加了个右耳旁。

如此年轻的汉字，怎么能精准体现我国上千年的“天人合一”思想呢？那可得从一段故事说起：冷战时期，美国人造卫星在我国福建省拍到一组奇怪的照片——在一片森林茂密的山丘下，坐落着一个个圆形（少数呈方形）的巨大建筑物，它们看起来像核反应堆或导弹发射井。

◎福建土楼

美国的情报部门对此大为惊恐，担心那里面放满了威力无比的核弹，于是，他们派出情报人员潜入我国调查此事。奇怪的是，金属探测器对这些建筑并无反应，也测不到其中有任何放射性物质。那么，它们到底是什么呢？原来那是中国独有的一种民居，叫作土楼。

历史瞭望

土楼的起源

西晋末年，战乱频繁，许多中原人逃难至福建、广东、江西的交界处，并在此定居。当地人就称他们为客家人，意思是“外地来的客人”，久而久之，“客家人”就成了他们的固定称呼。这里属于东南丘陵，地势复杂，溪流潺潺，泉水汩汩，翠林竹海，草木繁盛。这里虽然环境优美，但缺少中原地区的大面积平地，以及各类资源。于是，聪慧的客家人依照地形地势，就地取材，建造了“土楼”。土楼以丘为骨架，以水为血脉，以草木为毛发，以艳霞为神采，让“天、地、人”合一，是极具个性的地域建筑。

土楼那厚重暗黄的夯土墙，顶着简洁灰黑的屋顶，外观或圆或方（“囗”），好像是外星人的飞碟。同时，一座土楼的直径超过半个足球场的长度，至少有60米；高达四五层楼，每层有30至60个房间，可容纳数百人（“人”）共同生活，简直就是一个小城市（“邑”）。

土楼为什么要建得那么巨大，模样还那么奇怪呢？这既与当地多丘陵、低山的环境紧密相关，也有历史因素。当中原地区的人来到这里，发现这里地势高高低低，无论是生活还是生产，都成了难题。福建靠海，倭寇常来骚扰，猖獗一时。面对倭寇、盗贼的频频袭扰，人民的生命和财产都暴露于极大的风险之下。于是，客家人就聚居在一起，大家团结合作、守望相助。

丘陵、低山的地形，对军事进攻不太有利，但有利于防御。富有创造性的客家人，想出一个在斜坡上修建“闭环”式高大建筑的主意。这样，全族人员不但可以居住在这里，还能相互照应，再依靠建筑物庞大而高耸的“块头”，比如“皮糙肉厚”的外墙，底部厚度可达2.5米，难以摧毁，因此足以阻挡外界的侵袭。

“夯”出来的聚落

该拿什么材料去修建土楼呢？土！丘陵地区，常有泥土覆盖，不仅取之不尽、用之不竭，成本低廉，而且特别方便。说干就干，不久，人们就建起了高大而坚固的土墙。土墙的名字虽“土”，但“资历”却非比寻常。拿长城来说，在我们的印象里，它是由清一色的青砖砌起来的，但事实上，自春秋战国开始，夯土墙长城就启动修筑了。

谈到“夯土”，不妨对汉字“夯”稍加介绍。“夯”的上部为“大”，下部为“力”，组合起来表示“大力”。我们可以把“夯”理解为“使劲儿砸”，包含着在建造房屋的过程中用工具将土一层层砸实的意思。只有足够大的力量“砸”出来的墙，才是合格的“夯土”；如果“砸”土的力气小了、少了，那做出来的就只能是“劣土”了。“劣”是“少+力”，与“夯”恰好相反。

由夯土做出的墙，具有神奇的“呼吸”功能——它上面带有许多细孔，而细孔具有保温、隔热、透气的功能，因此土楼里冬暖夏凉，特别宜居。不仅如此，因当地的丘陵、低山上覆盖了较厚的土层，用土砌的墙还具有良好的调节湿度的功能。比如，环

◎笼罩在“丘陵雾”下的土楼，远处是梯田

境潮湿时，土墙能够吸收水分；环境干燥时，它又能释放水分，真是非常贴心。

别看土楼只高出平地数百米，却足够阻挡冬季的凛冽寒风。东南丘陵属于季风气候区，每到冬季，西北风从蒙古、西伯利亚南下，横扫大半个中国。于是，人们就把土楼修在背风的一面（南坡），如此一来，冬季便可减少烈风或寒潮的搅扰。同时，南坡向阳，光照、温度较好，非常适宜农作物生长。

土楼的优点还不止这些。由于福建靠海，海风会把无数的水汽带上岸，水汽遇到低山、丘陵地形，在缓慢爬升时因受冷而凝结成小水珠，形成了“丘陵雾”。那宛如仙境的缭绕云雾，对于茶树等植物的生长来说，真是再合适不过了。

今天，我们看土楼的景观，四周郁郁葱葱，这并不是偶然的。如果仔细分辨，那些植物多是人工精心栽培的。除了前面说过的茶树，人们还在缓坡上开辟梯田，种植翠竹、水稻，以及枇杷、荔枝、杨梅、甘薯……

丘陵（“”）和土楼这样的小聚落（“”），可以说有着特别高的匹配度。从某种意义上说，一座土楼和它的周边环境，就是天、地、人共同书写的一个“邱”字。一代代的劳动人民，无论是客家人，还是土生土长的当地百姓，共同在这里播种希望，收获幸福。

地理知识提要：

★ “天人合一”是我国古代地理学的核心思想之一。

★ 土楼是我国体现天人合一、因地制宜思想的代表性建筑。

★ 丘陵雾是指笼罩于较高地面(如丘陵坡)上的低云。当海风吹向沿海地区时，水汽沿丘陵缓慢爬升，受冷凝结形成丘陵雾。

第三章

一马平川

说说平原那些事儿

本章思维导图

井田制
农业发展
耕
城市分工
大
中
渚
原
小
沚
水井
城市发展
畿
（州）
流水沉积
正在“长大”的沙洲
（井）
经济进步
蓟
城市与平原
城市职能
（京）
（平）
（坪）
小块平地
本源
川
河流/平原
平原常与河流相伴
旦
昏
古代打水工具
较高的建筑
人类历史进入平原时代

[字源]

土治曰平，水治曰清。

——《诗经》

[字解]

说到平原，我们首先要重新认识的，就是“平”字。也许你会不屑一顾，这个字太简单了！其实，它颇有来头：春秋时期，孔子的弟子子贡到楚国游历，返途中看见一位老人正在浇菜地。老人打了一条地道直通井中，再抱着水瓮来回浇地，非常吃力。于是，子贡建议他：“有一种工具，每天可以浇灌上百块菜地，您不想试试吗？”

子贡所说的这个“浇水神器”叫作桔（jié）槔（gāo）——在竖立的架子（“平”字中的“丨”）上架上一根细长的杠杆（“平”字上部的“一”），中间

◎桔槔模型

取一支点，一端挂水桶，另一端绑石块等重物（“平”字中的两点）。这可能就是“平”字的原型，本义是“平衡”或“水平”。桔槔吊水时，两端一起一落，用较小的力量就能将满满的水桶提起，大大减轻了人力负担。

《诗经》中“土治曰平，水治曰清”的意思是“治理土地就要平坦、开阔，治理水患就要水清澈、平静”。由此看来，那时的“平”，已经和土地平整关联起来了。

在文字的演变过程中，“平”字的变化不大，其金文的模样和今天的楷书差不多。可是，金文、篆书中间长竖的下半部，为什么会拐弯呢？其实，这只是为了好看，让字显得有灵气、不呆板。类似的审美取向，在篆书中十分常见。

[字变]

金文　篆书　楷书

[字说地理]

此“坪”非彼“平”

在普通人的印象中，平坦、开阔的平原是最适合人类生存的。实际上，世界排名靠前的几大平原，如亚马孙平原、东欧平原、西西伯利亚平原、北美洲中央大平原等，包括我国的东北平原、华北平原，都不是一开始就受到人类青睐的。恰恰相反，在人类文明发展史上，人们对平原的价值普遍“后知后觉”。人类认识和适应它，经历了一个很漫长的历史过程。幸运的是，我们中国的文字上留有不少的线索。

◎长平之战

公元前260年，秦国与赵国在一个叫长平的地方，爆发了战国时期规模最大的一场战争。最后赵国战败，40多万人被俘坑死，从此一蹶不振；而大胜的秦国，走上了一统天下之路，并在40年后，终于达成所愿。

这个叫“长平”的地方，为什么如此重要呢？

“长平”正如它的名字那样，是一块狭长的平地，但是面积很小。它的旁边是一眼望不到头的华北平原。在地理中，平原通常指海拔200米以下的宽广而平坦的地形。

上古时期，洪水泛滥，许多低地，甚至丘陵会被洪水淹没，只有地势相对较高的地方才能幸免。这时候，历史上出现了一个人，后世称他为炎帝，这个名字寓意着给人间带来温暖的阳光、使大地上的万物茁壮生长。炎帝找到了长平所在的那片区域——上党，这里土地平坦，适宜建房、狩猎、修路。有一天，他发现一只黄褐色的小鸟正在啄食着什么，过去一看，原来是一种植物穗上结的褐色小颗粒。不要小看它，这可是宝贵的粮食种子。炎帝有了它，才能教会众人播种，农耕文明才第一次被“点亮”。

平原和农业（特别是种植业）是高度“捆绑”在一起的，这也是平原的傲人优势。长平虽然具备了这些优势条件，但也只能叫作“坪”。下面是“坪”的字形演变过程：

金文　篆书　楷书

我们看“坪”字的字形演变：无论是历史悠久的金文，还是大家熟悉的现代文字，“坪”字均不难辨认。从构造上看，它由“土”“平”组合而成，意思不难猜测，表示“平坦的土地”，但又特指山区的小块平地。今天，长平附近还有个名叫东坪村的小山村呢。

走向“川”野

人类真正把家搬到平原上去，经历了很长的一段时间，因为这需要他们拥有更多的本领。比如，不再依赖游牧、打猎，结束飘忽不定的生活。再比如，因为人口不断增加，原本很小的平地不够用，需要更开阔的地方，以建立更大型的聚落——城市。

据考证，在距今约八九千年前，我们的祖先在华夏这块土地上创造了灿烂的新石器文化（此时尚无成熟的文字）。其中，中原地区文化呈现出“众星拱月”的至高地位。距今约4000年前，中原地区继续向前发展，并最终建立了夏王朝，其他地区则纷纷出现停滞或后退，直至完全退出历史舞台。

二里头文化恰好位于我国第二大平原——华北平原的边缘处，与黄土高原相接。其位置比较特殊，一方面，它有着平坦的地理之便，适宜人类生存与繁衍；另一方面，因地势相对较高，无论洪水如何泛滥，都不易对它构成致命威胁，且洪水退去后，大片大片的淤泥便是现成的沃土，地形也更趋平坦。

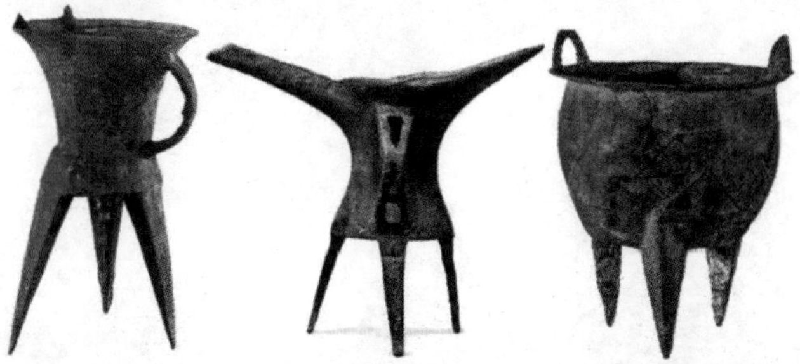

◎二里头出土的青铜器

这些优势，使二里头摘得“青铜器时代第一座城市”的桂冠。古装电视剧中的青铜酒器、食器、礼器等的原型，就来自二里头文化。

我国先民在二里头生活了很多个世纪后，尤其是获得“驯服”黄河的能力之后，才逐步向华北平原更为纵深之处探索，比如山东西部及河南的大部分地区。也正是在这一历史阶段，甲骨文等较为系统的文字在历史上留下印迹，记录下了有关平原的信息。

◎空中鸟瞰华北平原，黄河川流其间，平原与河流常常形成“标配”。如果把这幅图横过来看，黄河的形状有点像个草书的“川”字，而“川”字正有“原野”的意思

拿常见的“旦”字来说，它表示日出东方，即“天明”之意。《说文解字》中有“旦，明也；一，地也”的记载，古文字学者多把“旦”字下方的“一”理解成平原的地平线。与“旦”相反的是黄昏，“昏”在古代的一种写法是“百”，表示太阳从平原上方落下。同样表示这一时刻的，还有日暮的“暮”字。其原型为“莫”，甲骨文写为“”：中间画着一个太阳，四周有四棵小草，意为太阳落到了草丛中。可以设想一下，草原一望无际，茫茫无边，淹没了太阳的余晖……

从日出到日暮，造字者无意间描绘了一幅平原之景。

地理知识提要：

★ 平原通常指海拔200米以下的宽广而平坦的地形。

★ 平原与农业，尤其是种植业，是高度相关的。

★ 人类的聚居区，最初是高原、山地，后过渡到平原。

★ 华北平原是我国第二大平原，人类在有能力抵御洪灾之后，才开始在华北平原上生活。

[字源]

州，水中可居曰州，周绕其旁，从重川。

——《说文解字》

[字解]

“州”是汉字家族中非常接近绘画的象形字，忠实“临摹”了自然界中的地形。它的外形类似于“川”。“川”与“州”同源，都表示水流之形，只不过“州”多了三个点。如果你去河边走一走、看一看，就能发现河中央经常有小块的陆地，尤其是在流速较缓的拐弯处或下游地区。古人发现这一现象后，就在“川”字中间加上了小点。

许慎在《说文解字》中表示，“州”是指水中可以居住的地方。《诗经》中的名句“关关雎鸠，在河之洲”，大意为“关关啼鸣的雎鸠鸟，相伴在河中的小洲”。这里的

"洲"与"州"相通，而"雎鸠"是一种水鸟的名字。州是一块平坦的陆地，水"周绕其旁"。需要补充的是，"州"后来被当作一种行政区划使用，如幽州、苏州、扬州等，它的本义被另造的"洲"字替代。

[字变]

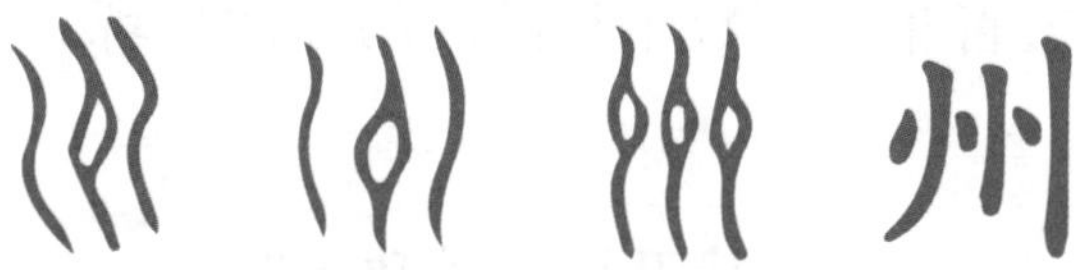

甲骨文　金文　篆书　楷书

[字说地理]

生长之"洲"

我们沿着时间的脉络看，"州"在甲骨文和金文中，都画了"一块陆地"，由此推测它最初可能是指一座岛。这属于地理"素描"，它绘出了自然界的原貌。为强调水中有多处岛屿，以突出"陆地"的含义，篆书中"0"的数量增加至三个。

许慎根据"州"字的外形，说它"从重川"。"巛"字，的确像一上一下两个"川"字的重叠之形，但许慎没有强调中间的"0"才是整个字的核心。

"州"有着重要的地理意义，它暗示了平原形成的秘密之一。在地理中，许多地貌的形成与流水、风力、冰川、海浪等外界作用力有关。其中，流水当仁不让地成为平原的主要缔造者。

当江水“惊涛拍岸，卷起千堆雪”时，也裹挟着无数的泥沙奔流而下，来到下游后，地势变平坦，水流速度大幅下降，水中泥沙渐渐沉淀下来。

起初，泥沙只是沉在水底，可慢慢积累下来，渐渐露出水面而成小岛。小岛再一天天、一年年“长大”，最终成为一整片平坦的陆地，让人们可以安居其上。当然，流水的沉积过程是非常缓慢的，需要数百年乃至数千年的时间才能显现。

文化加餐

精卫填海成功了吗？

相传很久以前，炎帝有一个女儿叫女娃，她特别想到东海去看看，因为那是“太阳升起的地方”。有一天，她驾一叶扁舟，到碧波荡漾的东海上遨游。突然，海上起了狂风大浪，海浪把小船打翻，女娃不幸淹死了。她的魂魄化作一只小鸟，发出“精卫”“精卫”的悲鸣声，所以，人们便称它为“精卫”。精卫痛恨大海夺去了自己的生命，便一刻不停地从山上衔小石子丢入海中，立志要把大海填平。

精卫想要衔石填海，虽然毅力可嘉，但力量微弱，即使亿万年也实现不了。意外的是，精卫心心念念所填的那片海，如今早已不复存在。据说，精卫衔石的那座山叫“发鸠山”，在山西省长子县以西。那里距离海洋十分遥远，甚至中间还隔着整个华北平原。

冲积！冲积！

华北平原其实正是“填海”的结果，我们可从汉字中找出几个“硬核”的证据：

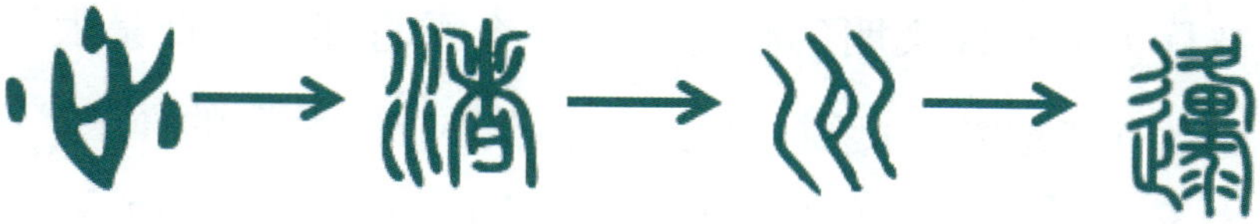

沚　　渚　　州/洲　　邍（同“原”）

这四个字分别是“沚”“渚”“洲”（这里指“州”的本义）和“邍”（古字，同“原”，指平原）。它们均表示“水中的陆地”，不过又各有侧重。《尔雅·释水》中解释：“水中可居者曰洲，小洲曰陼（渚），小陼曰沚。”

也就是说，“州”不是天上掉下来的，而是从“沚”“渚”一步步演变而来的。“沚”的甲骨文，画的是一只脚（“ ”）静止地站在水（“ ”）中。如何知道是静止的站立姿势呢？因为“沚”字中的那只脚（“ ”）还可以表示“停止”的“止”。“沚”有个兄弟叫“汀”，右边的“丁”正是“停”的简化，两者意义相通。

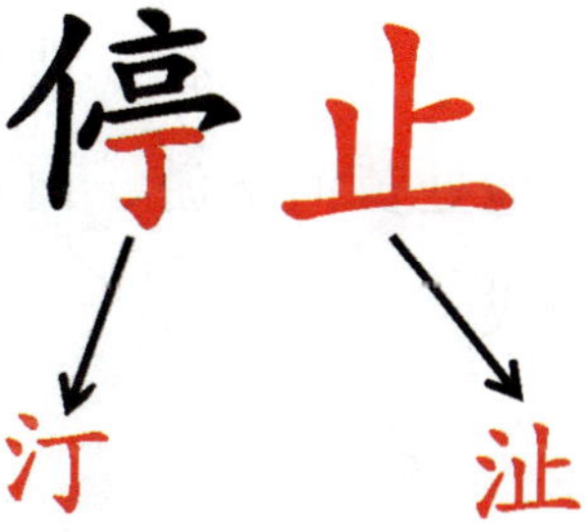

想象一下，有一块水中之地，很小很小，只能容人稍作停靠，比如渔民借它歇歇脚。接下来，这块陆地变大了，成了“渚”。“渚”的右边是“者”，由“著”简化而来，表示“显著”“突出”之意。“渚”明显比“沚”大很多，可以供人常驻。

我国浙江有许多地名带有“渚”，如离渚、马渚、桃渚、顾渚，尤其是杭州市西北部的良渚，早在四五千年前就有了发达的文化，被称为“长江文明的曙光”。可今天看那里，都是大片大片的陆地，有些地方还挺高，一点儿也看不出“渚”的样子！

接下来，“渚”变大为“洲”，“洲”厚积成“原”。所谓“原”，表示土地不仅平坦，而且广阔。伟大诗人屈原，名平，字原，他在《九歌·国殇》中写道“平原忽兮路超远”，意即“平原辽阔而路途遥远”。也许屈原也是一位地理发烧友呢。

平原常见于大江大河的下游或万水归宗的入海口。入海口的泥沙淤积显著，大片的浅海地区被填平并露出水面。因其整体外形呈“△”状，地理上称其为河口三角洲或冲积平原。华北平原地处黄河下游，由黄河、淮河、海河挟带的无数泥沙共同沉积而成。

◎图中陆地上的草绿色区域为平原地形，既有相对完整的冲积平原，也有面积较小、呈“△”形的河口三角洲。你发现图上的“州”字了吗？

“州／洲”的“前世与今生”，令人称奇。我国黄河、长江、珠江等主要河流的下游和入海口处，均存在大量河口三角洲或冲积平原。放眼世界，古印度、古巴比伦、古埃及等世界主要文明发源地，无一例外地拥有面积巨大的平原地区。当然，一个地区要想持续发展壮大，仅仅靠平原是远远不够的，还需要拿它和其他地理要素发生“裂变”反应才行。

而这，只是我们真正认识平原的开始。

地理知识提要：

★ 在地理中，许多地貌的形成与流水、风力、冰川、海浪等外界作用力有关。

★ 平原常见于大江大河的下游或万水归宗的入海口处，被称为河口三角洲或冲积平原。

★ 华北平原地处黄河下游，由黄河、淮河、海河挟带的无数泥沙共同沉积而成。

[字源]

井，八家一井，象构韩形。

——《说文解字》

[字解]

“井”的甲骨文，如同两横两纵构成的方形护栏或井口。这正是许慎在《说文解字》中说的“构韩”。构指纵横构架，韩指井栏，二字合指木头纵横构架的井栏形状。

无论古今，井栏多呈圆形，很少见到四四方方的，这真叫人费解。20世纪70年代，考古学家在河南省汤阴县白营龙山文化遗址发现了一口距今约三四千年的水井，还在井底发现了一种用木棍交叉扣合的“井”字形木架。这种木架曾在不同的古井中多次现身。它是做什么用的呢？原来，在井底放置它，能够抵御地下水的冲蚀，起到支撑井壁的作用，从而延长水井的使用寿命。这种古老的技术沿用至今。如今，众多的学者达成共识：“井”字形的木架，才是“井”字象形的起源。

在金文中，“井”字的中间多了一点。许慎认为那一点是从水井中吊水的瓦瓮。这一改变，让“井”字更为传神，把一个静态的平面图转变成立体的汲水场景：一个盛满水的瓦瓮，从井的中心缓缓升起，给人们带来清冽甘醇的享受。

◎瓮

[字变]

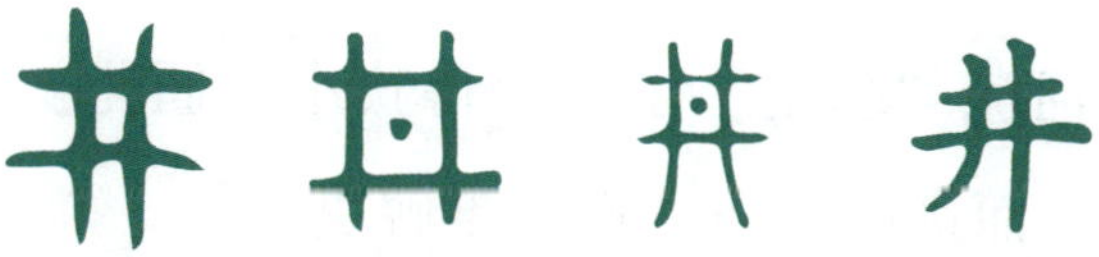

甲骨文　金文　篆书　楷书

[字说地理]

被河流绑定

“井”字的含义可能和你想象的不太一样。听过“落井下石”这个成语吗？它的最初含义，来源于狩猎。今天，非洲的一些土著人常常在野兽出没的平原掘出一个深坑，在坑底倒插尖尖的木桩，并在坑的表面薄薄地盖一层草叶。因平原地面整体平坦，且有植被遮蔽，野兽很难察觉。野兽在被驱赶得慌不择路时，便容易坠入其中。这时，人们合力投掷大石，将其砸死。

这一现实的狩猎方法，为“落井下石”提供了非常形象的说明。“井”字的本义，极可能是陷阱之“阱”。在部分甲骨文中，“阱”除了直接写作“井”外，有时候还在旁边画一只野兽，表示它是捕捉野兽的陷坑。《周易·井》中有“旧井无禽”的记载，意思是废弃的陷阱捕不到鸟禽。

随着人口的增长，为获得更多食物，我们的祖先先迁往江河旁的台地（地势稍高的平地），后搬到地势更低的平原地区居住。这样，人们不仅生活用水有保障，还能利用灌溉等优势发展农业。但新问题也随之而来，河流并不总是温顺地为人所用，其泛滥或长期枯水往往会带来洪涝、干旱等麻烦。换句话说，人们的活动范围被河流“绑定”了，变得狭小、僵化。同时，逐水而居与避水（洪）而逃的矛盾，也很难解决。

这让人想起了埃及。埃及地处北非，其周边沙漠漫天。对埃及人来说，著名的冲积平原尼罗河三角洲是其赖以生存的根本。尼罗河在每年6月至10月均会泛滥，待到洪水退去，河两岸必会沉积厚厚的淤泥。由于土壤肥沃充足，种子只要落在上面，根本不用施肥就能够生长起来。这块举世闻名的平原，像上了发条一样，每年涨水季、退水季和收获季反复循环——涨水季，带来宝贵的沃土；退水季，大家铆足了劲耕耘、播种；收获季，人们享受劳动的果实。

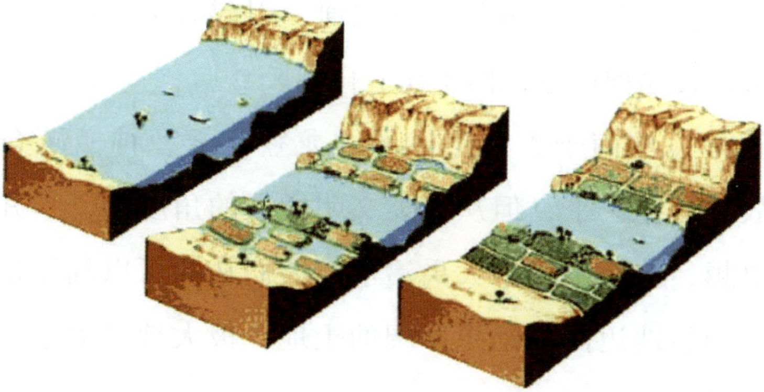

◎尼罗河冲积平原区农作物生长和洪水交替过程

上涨的尼罗河水，年年淹没农田，厚厚的沉积物掩埋了之前的一切痕迹。河边的人们只好不断重修灌溉系统和丈量、分配土地，否则实在分不清哪块土地到底是谁的……时间长了，古埃及人发展了高超的算术和几何学。如今，尼罗河三角洲的平均土层厚度已超过18米，加上地势平坦、河网纵横，生活在那里的人们依旧与尼罗河“深度绑定”在一起。

“井”田的光辉

我们的祖先对平原的理解和利用，显然和埃及不同，他们很久以前就已经发明并大规模利用水井。“井”字真正表示“水井”的含义，时间上比“陷阱”要稍晚一些，但意义重大。

传说中，最早把目光转移到地下，教会人们凿井、汲水的人，名叫伯益。他是与尧、舜、禹并称为“上古四圣”的皋（gāo）陶（yáo）的儿子，曾经协助大禹治水。由于常年和水打交道，伯益发现了地下水的秘密。这一发现可不得了，掌管天下之水的龙王很惊恐，担心伯益会开掘山谷大河，引起天下大乱，便腾云而去。后来，其他神仙也跑回了昆仑山。

这正是《淮南子》中记述的“龙登玄云，神栖昆仑”。虽然传说故事有些玄乎，但从人类文明发展的角度看，“井”的发明功绩卓越，甚至不亚于大禹治水。人们从此可以利用地下水资源，昂首阔步地迈向更远更广阔的土地，极大地扩大了活动范围和生存空间。

据科学家论证，我国最古老的水井位于浙江省余姚市的河姆渡遗址，距今约六七千年。古井的井台较高，外面还围有木栅栏，这并不仅仅是为防止他人（尤其是小孩）不慎跌入，而且与平原地形有关。数千年前，此处地势非常低，是一片低洼的湖泊沼泽，后来成为宁绍平原的一部分。由于这里夏、秋季雨水过多，常遇洪涝，洪水一旦倒灌入井，井水将变污浊。

余姚靠海很近，海潮也是一个麻烦，井水中若是混入海水，同样不能饮用。于是，人们掘地为井，堆土为墙，内筑高台，外修栅栏，以防止海潮和洪涝时污水入侵。

水井的出现，某种程度上标志着人们已结束了漂泊不定、居无定所的游猎生活。人们聚井而居，共井为邻，甚至在解决洪水、海潮问题上也有了科学对策。除此之外，我们的祖先还真正实现了文明的升级——从狩猎文明进入农耕文明，河

◎“河姆渡遗址”邮票

姆渡遗址出土的工具，就是一个很好的例证。

河流下游的冲积平原，虽然面临海潮倒灌、洪涝侵袭的挑战，但非常适宜栽培水稻，使得粮食产量大幅提升。人们开动脑筋，想尽一切办法在平原上扎根下来。这在汉字中的经典体现，就是“耕”与“田”，也可以认为它们是“井”的升级版。

◎耒是一种松土工具

“耕”字，由“耒（lěi）”和“井”构成。耒是一种农具，最初只是一种尖头木棒，用来破土、松土，后来人们把木棒加长，大大便利了农业耕种。今天，男人的“男”字，通常解读为“在田中卖力干活的人”，但我们看甲骨文的写法“𤰔”，下面的“力”其实是耒的象形。上图中正专注地使用耒松土的农民，从造字的意义上说，是对“男”字的最好注解。

由“耒”构成的字很多，如耘、耦、耙等，都和农业生产有关。《西游记》中猪八戒的“九齿钉耙”，其实也是一种耒。

“耕”的另一半是“井”，为什么不是“田”而是“井”

呢？这得从古代“田”和“井”的联系说起。“田”在甲骨中的写法很多，但其外围均是“囗”，表示田地的边界，里面分成四块（“田”）、六块（“田”）、八块（“田”）等。当然，历史也存在某种巧合——有恰好分成九块，形成“井+囗”组合的。

历史瞭望

说说“井田制”

公元前326年，滕国（春秋时期的一个诸侯国，位于今天的山东省滕州市）太子出使楚国。途经宋国时，他专程前往拜见孟子，向孟子求教治国安邦的办法。孟子借机推荐了一种土地制度——井田制。简单地说，就是把九百亩的平地均分成九块，其中八户人家各种一百亩，这叫私田（如右图1至8号）；中间一百亩（9号）是公田，由八户人家共同完成，以作税赋。这块划分得整齐、方正的农田，恰好如同一个“井”字，因此便叫井田。

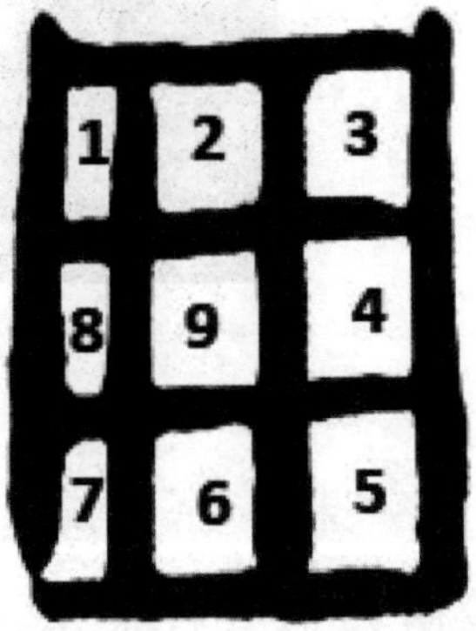

◎汉字与历史的巧合：“井”与“田”的相遇

井田制在西周时期就已经成熟，西周的典籍中就有不少相关记载。九百亩的平整土地，去哪里找？当然得是平原了。从历史上看，汉族主要分布于长城以南、青藏高原以东的平原地区。这片广阔的区域属于我国的东部季风区，季风影响显著，降水较丰富，雨热同期。这里海拔超过2000米的山岭不多，有广阔的冲积平原，有利于发展种植业。

西周时期，黄河中下游平原的平均温度比现在高一点，一年中的最低温也不会结冰，地势低平，湖泊众多，土壤肥沃，发源于黄河流域的汉族人民很快便适应了这里的自然条件，掌握了种植技术，发展了农耕业。

讲到这里，我们从文字“井”开始的漫长的时光溯源之旅暂告一段落。人类对平原（及近似地形）的认识、适应与依恋，是在无数代人的经验中慢慢累积起来的，值得每一位中华儿女珍惜。

从陷阱之“井”（通“阱”）到水井之“井”，再到井田之“井”，历史已走过漫长的时光。其实，故事远远没有结束，后面还有繁华的“市井”，以及忧伤的“背井离乡”，“井”成为故乡的一种符号……

地理知识提要：

★ 台地指地势稍高的平地。

★ 尼罗河三角洲每年定时经历涨水季、退水季和收获季。

★ 河流下游的冲积平原，易遭受海潮倒灌、洪涝侵袭等自然灾害。

★ 我国平原多位于东部季风区，热量充足，降水丰富，地形与气候配合的种植条件良好。

[字源]

京，人所为绝高丘也。

——《说文解字》

[字解]

“京”的形象就像一座城楼。我们像拆积木一样，层层分解，会发现它有塔楼及尖顶（“”），有高高的楼身（“”），还有带着拱门的护城墙（“”）。

在《说文解字》中，“京”是指人工建起来的绝高之处。后来，它由于外形高大，引申为“大”“显著”之意，甚至常常表示“极大”“极显著”。比如，极大的数字单位叫“京”，极大的鱼叫“鲸”，极大体型的鹿叫麖（jīng），极重要的城市叫“京”。

“京”最为人所熟知的，是它成了封建

时代国都的专属用字，普通城市可享受不到这一待遇。《说文解字》中把“京”解释成人造之丘，丘有“高”的含义，但应理解为“在国家、氏族中的地位高”，而不仅仅指海拔高。

[字变]

甲骨文　金文　篆书　楷书

甲骨文、金文中的“京”字保持着朴素的象形外观。小篆将多层塔楼写成“京”，依然有“高耸”“矗立”的含义，仔

◎高耸的城楼

细看，还与“高”（高）字的上半部相同。此时，“京”的字形已经与现代汉字很接近了，下半部的“ᗰ”本来指城墙，但到了楷书中，“进化”成了外形相近的“小”，并以讹传讹，沿用至今。

[字说地理]

优渥“京”都

公元前225年，秦国派兵进攻魏国都城大梁（今河南开封）。大梁城墙厚达数米，坚固无比，任何刀枪斧钺均只能给它“挠痒痒”。久攻不下之际，焦急万分的秦军主帅王贲注意到大梁城地势较低，又距黄河不远，心中顿生一策。他下令挖开鸿沟——一条连接黄河与淮河的古运河，引水冲灌大梁。三个月之后，大梁城垣崩塌，魏王投降，魏国自此灭亡。

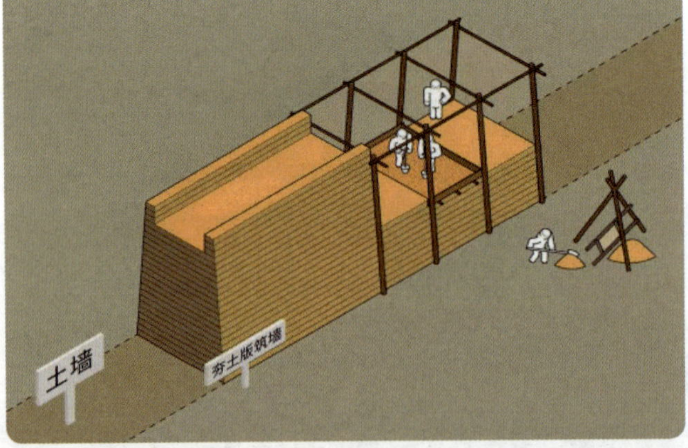

◎土墙制作模型

在我国古代战争中，水淹敌城的案例十个手指头都数不过来。但在亚欧大陆西边的古希腊却极少有水攻的现象，难道是因为那里的人们愚钝吗？非也！要回答这一问题，得从“京”字聊起。

“京”的本义是高耸的城楼、亭台，制作材料主要是砖木。我国大部分古城墙都是由夯土版筑的。什么叫夯土版筑呢？说起来也简单，就是在两块木板之间放入土（有时还会混入石灰等），用木棒（也叫夯杵）用力夯打，打到非常密实的时候，就可以修筑长城、城堡、烽燧等建筑了。

这种墙能夯实到什么程度呢？据说，秦始皇陵的地下城墙高30米、厚4米，人站在三四米外射箭（此时力道最大），箭头射在墙上如同碰到坚石，纷纷被弹开，夯土的牢固可见一斑。北京的部分内、外城墙，以及紫禁城等，都是由夯土打造的，即使表面覆盖岩石、砖块，里面也由夯土组成。

作为我国的首都，北京建在一片黄土之上，千百年来诉说着城市与平原的绵长渊源。它地处华北平原，整体地势平坦、开阔，建筑格局宏大，道路四通八达。北京是从华北平原通往内蒙古高原和东北平原的必经之地。由于地理位置独特，历史上北京也是上述三大地区的民族交流、融合的地方。

从地理上说，孕育北京这块土地的，是永定河。不过，这位“母亲”的脾气可非常暴躁，时常改变河道。她的“乳汁”主要源自夏季雨水——一年中的雨水80%集中在七八月，且无雨则罢，有雨就是暴雨。这让溃堤、决口、洪水泛滥几乎成了永定河

◎篆书的『蓟』与『畿』，读音相同，似乎有某种联系

的定律，但也正是因为它恣意妄为的泛滥、傲视群雄的水量和难以计数的含沙量，才冲积成了北京小平原。

你听过北京小平原吗？“东控辽碣，北连朔漠，西接三晋，背负燕山，左拥太行，右濒渤海”，这是人们对它的地理位置的精准描述。往大处看，它是华北平原的一部分；往小处说，它完全是永定河所攒的泥沙沉积出来的。北京建城，最方便也最便宜的原料，自然就是沉积了悠久岁月的黄土了。

华北平原是由实力更强、数目更多的“北方三巨头”——黄河、淮河、海河共同冲积而成的。当时的人们在距离永定河渡口十几千米的一处名为“蓟丘”的高地上停留下来，聚落成群，建立了北京城最早的雏形——蓟城。

“蓟”这个字，带有大量的地理信息。看字形，便可知道此处地势低洼、雨热充足、五谷丰登。不然，怎会水草丰盛（艹），鱼虾肥美（鱼），呈现出一派收割庄稼、捕捞水产的丰收景象（“刂”为刀）呢？

“蓟”字还让人联想到另一个读音相

同、对北京意义重大的字：畿。它们之间似乎存在着某种隐秘的默契：一个记录着北京的过去，一个展现着它的现在。

“畿”的内部藏有一个“田”字，说明这里有农业，同时又因“田界”而引申出“界限”“边界”之意；剩下的部分“”，由代表经济的手工业（“”即丝，意指纺织）和代表国防的兵器（“”即戈，意指军事）组成。以上“零件”组合起来，可知“畿”即“天子千里地”，是以天子所居的都城为中心、以千里为半径划定的土地面积。这里关乎钱粮供应、安全防卫等重要职能的发挥，可以想象，若没有了“畿”，“京”恐怕要变成“惊”了。

中国的 世界的

北京的“京畿”是天津，按照欧洲的说法，天津就是北京的卫城。天津地处海河平原（属于华北平原），其地势比北京更为低平，这对城市发展、交通建设有利，却也使城市更容易被洪水、海潮“合伙欺负”。好在后来有了水井、泄洪河道的帮助，危险才顺利化解。

天津依托内河和海洋运输，把江南的粮饷输送至北京，呈现出“天下粮艘，鱼贯而进，万商辐臻”的繁荣景象。现在的天津是我国四大直辖市之一。

可以说，一个“畿”字，透露着北京借力发力的智慧，它在做大做强自己的同时，联合华北平原上的天津乃至河北，彼此分工，各显其能，形成发展共同体。

如果我们适当拓宽视野，会发现在我国不同的平原上，曾出现过不同的“京”，而且东、南、西、北分配得妥妥当当。

比如，与“北京”相对的“南京”，正位于长江下游的冲积平原上，也是历史悠久、文化繁荣、经济发达的绝佳之地。另外，我国历史上不止一次地出现过“西京”和“东京”，多得眼花缭乱，几乎能组成一支篮球队了。

在诸多的“西京”中，较为著名的要数西安了，它雄踞于影响深远的关中平原。“东京”呢？比较著名的是《水浒传》里的“汴梁”，也是前面提到“魏国大梁”的历史继承者。汴梁地处河南省的豫东平原，地势开阔，一望无际，也是由河水冲积而成的。

◎平原风光

一提“东京”，不少读者首先想到的，或许是日本的首都。既然如此，不妨继续扩大视野，一起看看日本的“京”吧。东京位于日本的关东平原，周边聚集了横滨、川崎、千叶等大城市，是世界级的大都市圈，也是日本第一大都市圈。

日本的京都则仿照中国的洛阳而建，位于近畿平原（又称大阪平原），连同大阪、神户等城市，是日本第二大都市圈；排名第三的是中京（位于东京和京都之间）都市圈，位于浓尾平原。

日本的三大都市圈都离不开一个“京”字，有的甚至连“畿”字也一并捎上，可见日本受中华文化影响之深。这的确是一件值得中国人自豪的事。

最后，我们来回答本课开头的问题：为什么水淹敌城的战术，在东西方之间有着明显的差异？

从东方的诸多“京”可知，亚洲沉积平原广大，建筑原料多为夯土。夯土最害怕泡水，浸泡过久则易垮塌。这就是中原战争中，水攻屡屡得手的根源。

欧洲没有广大的沉积平原，相反，海风、波浪长期“打磨”出的是起伏和缓的侵蚀平原。这种平原（含丘陵）没有厚积的土层，自然就建不了夯土城池。不过，你要是因此而为欧洲担心，可就大错特错了。欧洲人把建造城堡、教堂、街巷的主要材料换成了石头，可以说，在水中泡一万年也没关系。

此外，欧洲虽然多丘陵、平原，但分布过于零碎，很难有我国华北地区或长江中下游地区那样的大面积平原。这导致欧洲多规模较小的国家，他们的农业、人口、市场发展均受到明显的限制。这一局面，在“大航海时代”来临之后，才得以扭转。

从这个角度说，欧洲古代的城市即使都建在平原上，又怎能与东方的“京”“蓟”“畿”同日而语呢？

地理知识提要：

★ 我国的首都北京，位于地势平坦、开阔的华北平原，是通往内蒙古高原和东北平原的必经之地。

★ 海河平原上的天津是我国四大直辖市之一，地理位置优越，经济实力较强。

★ 我国和日本的核心城市，都建在或大或小的平原之上。

★ 相比亚洲，欧洲的平原面积较小，彼此割裂，限制了城市的发展。

第四章

天赐聚宝盆

说说盆地那些事儿

本章思维导图

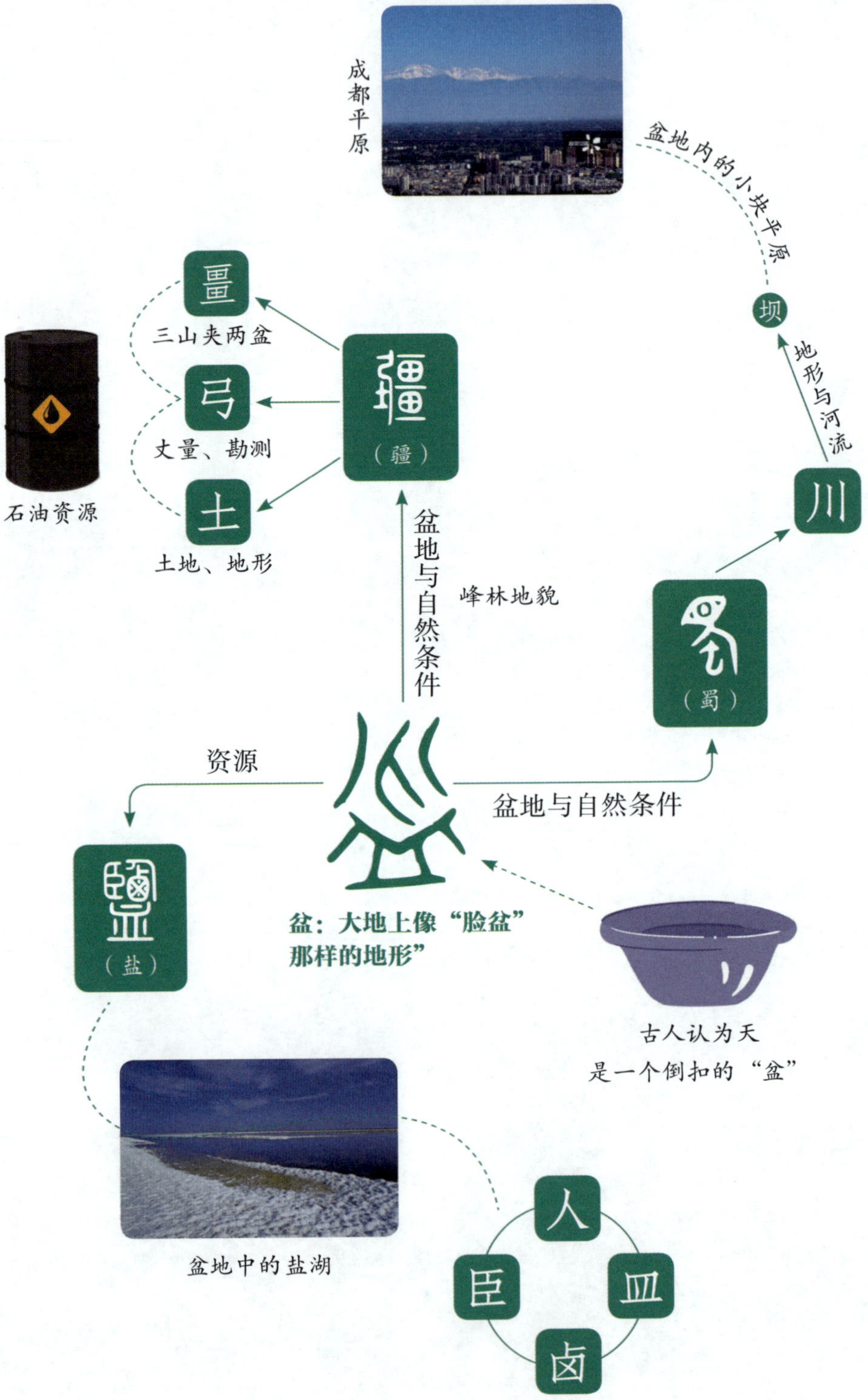
成都平原
盆地内的小块平原
坝
地形与河流
川
（蜀）
盆地与自然条件
（疆）
畺
三山夹两盆
弓
文量、勘测
土
土地、地形
石油资源
盆地与自然条件
峰林地貌
资源
（盐）
盆：大地上像“脸盆”那样的地形”
古人认为天
是一个倒扣的“盆”
盆地中的盐湖
人
皿
臣
卤

[字源]

盆，盎也。从皿，分声。

——《说文解字》

[字解]

“盆”是个形声字，上部的“分”，表示发音；下部的“皿”，表示形状。它的历史，可追溯至器皿的“皿”字。“皿”即“”（甲骨文）或“”（金文），前者更像一个敞口的杯子。假如我们在里面添加一只手，以及飞溅的水滴，就成了“”。这是盥洗的“盥”字的甲骨文字形，本义为“洗手”。今天在宾馆、会议厅等地，仍常能看到“盥洗室”的标志。

《说文解字》中说“盆，盎也”，即开口较大的盛物器皿。此时，大家可以在脑海中想象饭盆、脸盆的样子。事实上，像

“盘”“盒”“盂”等，下面都带有“皿”字旁，都可以盛放物品，发音不同，但用途大同小异。

与其他默默无闻的汉字不同，“盆”可是明星级的汉字，有着与生俱来的“小骄傲”。因为，它可作为一种计量单位使用，比如“一盆水”“两盆花”等。汉字中凡能叫作“计量单位”的，本事都很大——或与生活关系密切，叫人须臾离不得；或揭示不俗的道理，使人窥一斑而知全豹。“盆”正是这样神奇的汉字。

[字变]

金文　篆书　楷书

[字说地理]

天神的脚印

《庄子·外篇·至乐》中记载：庄子的妻子死了，他的朋友惠子前往吊唁，却见庄子岔开双腿，像个簸箕似的坐在地上，一边敲盆，一边唱歌。惠子很不理解：“你的妻子一生与你相伴，你不哭泣就算了，竟然唱起歌来，还自带伴奏！这简直太过分了吧？”

惠子口中的“盆”，和今天的模样没有太大差别。“盆”虽其貌不扬，但庄子在敲击它时，却悟出了一番哲理：“我的妻子刚刚去世，我何尝没有流泪啊！但细细想来，生老病死就像春夏秋冬的天道轮回一样，亘古未变。现在，她安息于天地间，而我却要哭哭啼啼，岂不是太不通达了吗？”

古人把“天”看作一个倒扣的“盆”。这个盆巨大无比，笼盖四野。遇上瓢泼大雨时，人们爱用“倾盆”二字来形容。庄子口中的“天道”，就来源于这个“盆”。

除了天上的“盆”，大地上的“盆”更神奇。古人在观察地形时，发现许多高大的地形（如山地、高原等）经常围成一圈，

◎五大地形

中间相对凹陷，气候、物产、河流等均不太一样，久而久之，其民俗民风、经济文化都自成一派，不能简单将之归为山地、丘陵、平原、高原中的任何一类。于是，大家便根据“大地之盆”的外观，给它取名叫“盆地”。从此，“盆”不仅可作为计量单位，在地形分类上，也是“五巨头”之一呢！

盆地如同地面上的一个坑，就像天神踩在大地上的脚印。但具体到不同的盆地，其“天赋”“脾气”各有不同。就我国来说，赫赫有名的“四大金刚”——准噶尔盆地、柴达木盆地、塔里木盆地和四川盆地，可以说是无人不知无人不晓。人们对它们的认识，是一步步深入的。开始仅知道观之如脸盆，四周高耸的山脉为“盆壁”，中间凹陷处为“盆底”，后来才恍然大悟：这哪是什么“脸盆”，分明是千金不换的“聚宝盆”呀！

“聚宝盆”中的第一件宝，就是“盐”。盐的发现，颇有传奇色彩。

文化加餐

夙沙煮盐

远古时代，我国的东海边有一个部落，他们的首领叫夙沙。夙沙带领族人在近海打鱼。由于常在海边，有时难免会掉入海中，喝几口海水。可奇怪的是，人一旦喝了海水，就会精神许多。夙沙想，海水中一定有某种对人体有益的东西。

有一天，夙沙从海里打了半罐海水，放到火上准备煮鱼。此时，一头野猪从旁边飞奔而过。夙沙拔腿就追，等他扛着打死的野猪回来时，罐子里的海水已经熬干了，罐底留下了一层白色粉末。他用手指蘸了点尝尝，又咸又鲜。于是，他突发奇想：干脆用烤熟的猪肉蘸着吃吧！不试不知道，夙沙从没吃过如此鲜美的东西。

◎煮盐

就这样，夙沙在无意中发明了“煮盐法”：将海水引入一个“大盆”中，“盆底”煨以熊熊炉火，人手持木杵不停搅拌，海水被煮干后剩下的就是盐了。

“盐”花朵朵

“盐”这个字，有什么含义呢？据说，黄帝听说了夙沙煮盐的故事后，便命仓颉造了“盐”字。仓颉结合夙沙煮盐的过程，造出了由“臣”“人”“卤”“皿”四部分组成的“鹽”，

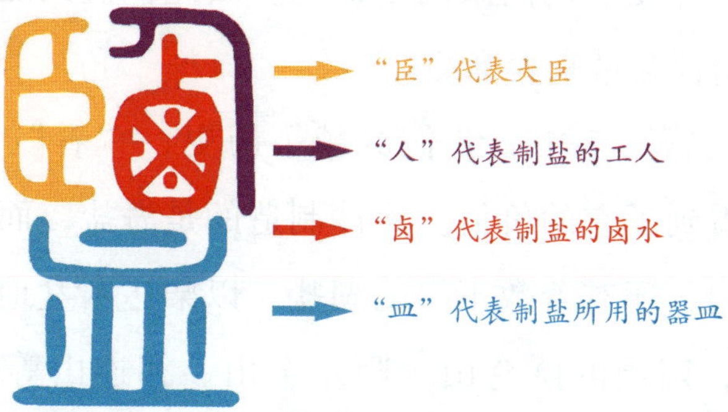

◎盐字的解读

即“盐”的繁体字。1971年，山东省掖县（今莱州市）朱由镇出土了一件大型铜器，形似托盘。经考证，其为春秋时期的青铜煮盐皿。

在“鹽”字中，“皿”代表煮盐的大盆或大锅。那么，“臣”“人”“卤”又是什么意思呢？

“卤”指“卤水”，即咸水，除海水之外，还有地下水、湖水等。我国西部的柴达木盆地有一片罕见的银色海洋，阳光照耀其上，就如同照射在一面巨大的镜子上，闪现出一道道银色的波光。这就是著名的察尔汗盐湖。“柴达木”来自蒙语，意为“盐泽”。

“人”代表煮盐的工人。“臣”代表大臣，引申为“权力”之意，暗示盐的开采、运输、销售需在国家的严格控制下进行。在历史上，盐是由国家专营的，民间不许私售。若与粮食比较，我们就能明白其中的道理。产粮地很多，但产盐地很少，盐只能集中生产；粮食品种繁多，可以互相替代，而食盐的作用却不能由其他商品，如糖、酒、醋等来替代；粮食的好坏很容易分辨，而盐的好坏无法用肉眼简单识别。因此，盐只能由国家控制，不然真会给社会带来大麻烦。

从“鹽”字中，我们穿越了历史，“看”到了它的制造工艺，也看到了它的价值。夙沙制造的是海盐，而在我国西部地区的盆地内，还有着数不尽的湖盐。以柴达木盆地为例，由于其地形闭塞，四周的昆仑山、阿尔金山、祁连山等“手拉手”围成圈，外面的水汽难以进入，内部的热量又不易散出。因此，柴达

◎柴达木盆地的察尔汗湖

木盆地的气候干旱，温差大，蒸发强，湖自然就成了咸水湖。俗语“天上无飞鸟，地上不长草，一日有四季，风吹盐沙跑”，便是柴达木盆地的鲜明写照。

自然界中，所有的湖水中都含有盐，含盐度小于1‰的，人们感觉不到咸味，称作淡水湖；含盐度1‰～24.7‰的，略有咸味，为微咸水湖；含盐度大于24.7‰的，咸味明显，那就是咸水湖了。

柴达木盆地中的许多湖泊含盐度很高，都超过了35‰，不仅很咸，湖中或湖岸还堆积着白花花的固体盐，人们称之为盐湖。盐湖中，较著名的有茶卡盐湖、察尔汗盐湖等。行走在盐湖岸边，会看到如花朵盛开般的盐花，一丛丛、一片片、一簇簇，把盐湖装点得美若仙境。

柴达木盆地的盐十分丰富，当地有盐块垒的房子，盐铺的道路，甚至盐建的机场……据科学家推算，若是把这里的盐都用上，可以在地球与月球之间架一座6米宽、12米厚的“星际盐桥”！

打捞一段“史前史”

柴达木盆地之所以能有巨量盐产，仅靠干燥的气候是不够的，还要归功于当地独特的地形。

◎贝壳化石

如今，人们在柴达木地区发现了大量的贝壳、植物、脊椎动物的化石，这说明在亿万年前，汪洋大海才是此处的主人。后来，伴着剧烈的地质运动，整个地壳开始抬升，四周由于隆起得更快、更高，化身成为连绵的群山；中间相对低矮，因“后知后觉”而惨遭“封印”——群山切断了其与外界交流的所有通道。至此，盆地始成。

需要指出的是，柴达木盆地位于青藏高原，海拔达两三千米，是我国海拔最高的盆地。它虽地形凹陷，海拔却远超内蒙古高原。盆地是五大地形中唯一对海拔没有硬性要求的地形。

盆地形成时，盆地内的大量海水被群山围住。海水本身是咸的，盐度很高，经强烈的蒸发作用，水分纷纷“逃脱”，盐类物质则乖乖留下。这才有了今天的察尔汗盐湖等人间奇观。

换言之，柴达木盆地中大大小小的盐湖，原本就是大海的“继承者”，类似的情况也发生在四川盆地、塔里木盆地等“兄弟姐妹”的身上。只是时光斑驳，那段特别遥远的“史前史”，时至今日才被人打捞起。

地理知识提要：

★ 盆地，其形如盆，是一种四面被山或高地包围的平地。

★ 利用阳光、风力蒸发水分，可使盐从海水（卤水）中析出。

★ 柴达木盆地内有众多盐湖，是我国重要的产盐地。

★ 含盐度小于1‰的湖，为淡水湖；含盐度1‰至24.7‰的，为微咸水湖；含盐度大于24.7‰的，为咸水湖。

里深居亚欧大陆腹地，远离海洋，黄沙漫天，怎么会有水中形成的鹅卵石呢？真相只有一种可能：步履所及，曾是沧海。

在约五亿年前的寒武纪时期，巍峨挺拔的昆仑山脉、天山山脉、阿尔泰山脉还在海洋中沉睡。塔里木盆地也是海底的一部分，因地形凹陷而化身“海盆”。它在万顷海水之下，静静地等待着命运的转折。

过了大约两亿年，塔里木盆地随着周边被海洋覆盖的岛屿的隆起，逐渐苏醒，开始缓慢抬升，整个新疆地区的海水开始退却。又过了大约一亿年，地壳运动剧烈，塔里木盆地乘机搭上顺风车，迅速崛起，完全成为陆地。

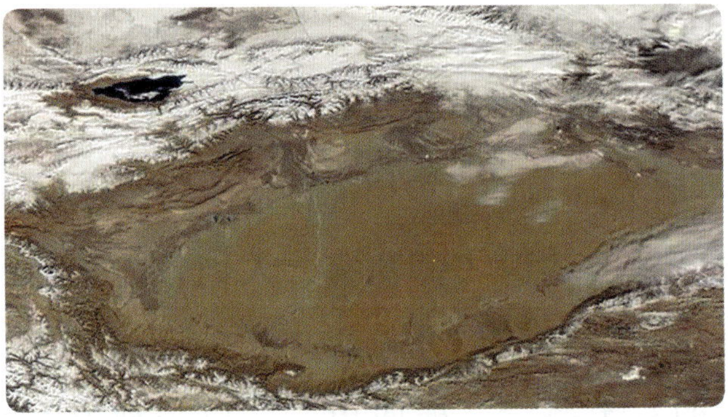

◎塔里木盆地

俗话说，“冰冻三尺，非一日之寒。”塔里木盆地改写命运的过程，既非一蹴而就，也不可能一帆风顺。在数亿年中，海水退却过，但又屡次卷“水”重来，几出几进，反复无常。大环境的改变，使塔里木盆地地区的生物几经繁衍、灭亡，再繁衍、再灭亡的轮回。

如今，人们在当地发现了大量珊瑚、海藻、贝壳的化石，特别是珊瑚化石，规模惊人。此外，人们还发现了许多古树化石——硅化木。它们直径达两米，排列紧密，巍峨壮观，历经上亿年时光，依旧色彩秀丽，青如碧玉，红似玛瑙，五彩斑斓。以上种种都表明塔里木地区曾是一片广阔的海洋，海水退却后，才长出茂密的森林。后因地质运动，森林埋于地下，在含硅地下水的长期作用下，古树成为化石。

液体黄金

沧海桑田，千年一瞬，令人喟叹。不过，那些逝去的动植物并未黯然消逝，相反，它们联手盆地，化身为能源，换了一种形式继续为这个世界服务。

古往今来，人类可利用的能源种类繁多，如木柴、石蜡、风能、太阳能、潮汐能等，但最厉害的仍是“三巨头”——石油、煤炭和天然气。这三件宝，不仅在新疆当地名气大，即便在全国范围内，也是数一数二的。特别是石油，它作为新疆地区的一张名片，笑傲江湖，已成传奇。

历史瞭望

希 腊 火

公元941年，基辅罗斯舰队的千艘战船横渡黑海，入侵拜占庭。拜占庭舰队的实力逊色很多，但他们凭借秘密武器“希腊火”，成功“逆袭”，打了一场漂亮仗。俄罗斯《古史纪年》对这场战争有精彩描述：“令人胆寒的奇特景象出现了，罗斯人看到大火熊熊，便纷纷跳入海中逃命，结果却被淹死，没跳海的人反倒回到了家中。幸存者惊恐地说，希腊人拥有一种东西，和天上的闪电很像，他们把它释放出来，用烈火吞噬一切。”

所谓“希腊火”，就是指燃烧的石油。它类似于《西游记》中红孩儿的“三昧真火”，水根本浇灭不了。至于“天上的闪电”，不过是在弓箭的箭头沾上石油，点燃后射出，“火箭”在天空中划过的样子而已。

石油是重要的能源和化工原料——从火箭、飞机用的煤油，到汽车用的汽油，以及工农业、生活用品的生产都离不开它。无论是曼哈顿街头的灯火通明，还是西伯利亚荒原疾驰的火车，抑或是中东繁忙的港口，都无时无刻不在消耗石油。石油被誉为“工业的血液”，是现代社会发展的引擎之一。

那石油是怎么来的呢？科学家已经给出了答案：无数海洋或湖泊生物的遗体沉积于地势较低处，层层累积，经长时间高温高压条件转化而成。盆地地势低凹，环境封闭，对于石油的形成具有显著的地理优势。低凹，便于沉积物的累积和富集；封闭，能“封存”宝贝，减免泄漏，形成规模。

◎新疆的克拉玛依油田

“三横分两田”的准噶尔盆地、塔里木盆地，埋藏着丰富的石油资源。比如，准噶尔盆地中有一座冒着黑色液体的山丘，名叫黑油山。这些黑油就是珍贵的石油。可石油怎么会变成山呢？盆地之下埋藏的石油已经沉睡了亿万年，直到地壳开始运动，在地动山摇中，不少岩层断裂，石油就从石缝中渗了出来。水汽挥发后的黏稠液体与沙土凝结在一起，随着时间的推移，最终堆出一座高耸的“山”来。

“断”层蕴宝

我们前面提到岩层断裂，你看“断”字的篆书“”，是不是与“”的字形相似？“疆”的“三横分两田”，在“断”字中，成了“一刀分两丝”：“断”字的左侧“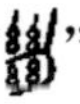”由“”（上下排列的两组丝织物）与“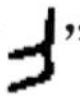”（一把竖立的刀）二者组合而成，表示用刀割断丝织物。“断”字的右侧为“斤”，即斧头，含有“砍断”的意思。“断”字在地理中，与“疆”字一样，也有“分界”的含义，比如横断山脉就是青藏高原与四川盆地的分界线。

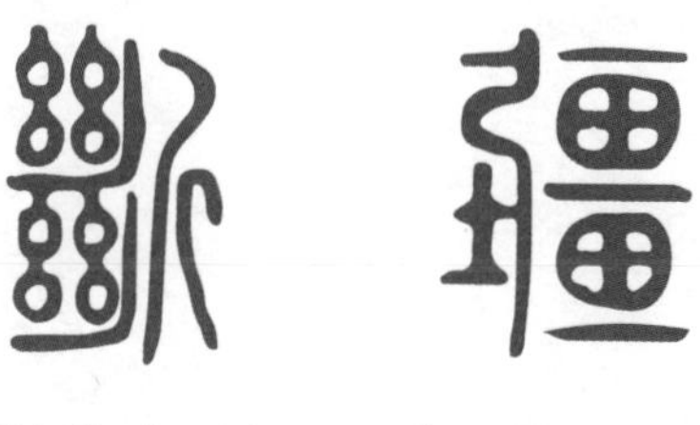

◎篆书的“断”与“疆”，你看像不像？

“断”的作风，向来干脆粗暴。这反映在盆地中，除了会诞生黑油山，还会带来金属矿。由于地壳的剧烈运动，盆地在沉降，周围的山地却不断抬升，这使盆地与山地的交错地带产生了许多断层。含有丰富矿物元素的岩浆，沿着断裂处侵入这些断层，岩浆冷却后就变成了有色金属矿产。

新疆的盆地中，除了石油、煤炭、天然气，还蕴藏着铅、锌等有色金属，甚至不乏黄金……不少位于盆地深处的宝贝还在沉睡中，等待着被唤醒的那一天。

地理知识提要：

★ 新疆的整体地形具有“三山夹两盆”的显著特征。

★ 石油主要由远古时期海洋或湖泊中的生物残骸沉积，经过漫长的物理作用和化学作用而形成。

★ 盆地中除了石油、煤炭、天然气等能源，还蕴藏着铅、锌等有色金属矿。

[字源]

一，蜀也，南楚谓之独。

——《方言》

[字解]

如果搞一个“最可爱的古汉字”排名，我相信“”一定位居前列。不信你看，“”就像是一个眼睛很大的人，十分有趣。汉字中还有个“臣”字，它的甲骨文字形也像一只眼睛。

“”是“蜀”字的甲骨文，其下方的“”，头尖体细，体态弯曲，身体竖起，很像一条呈进攻姿势的蛇。与“”接近的，还有“”（甲骨文）、“”（金文）、“”（篆书）……它们是“虫”或“它”等汉字的原始模样。因此，“蜀”

◎图为四川三星堆博物馆金面铜人头像，可以看出古蜀人的眼睛的确很大

字下部的“”，绝不是胖乎乎的毛毛虫或蚕宝宝，更像是一条叫人胆战心惊的毒蛇。一个人在有毒蛇出没的野外行走，能不小心吗？肯定得睁大眼睛（“”），留意脚下啊！另外，“蜀”的古代发音与毒蛇的“毒”相同。“蜀”字有诸多含义，其中就有“独一、唯一”的意思。不信你看“独”的繁体字，就是“獨”。西汉著名学者扬雄在《方言》中说“一，蜀也”。为什么有毒虫的蜀地，却拥有“独一份”的特殊待遇呢？从自然的角度说，这与其所处盆地的自然环境大有关系。

[字变]

甲骨文　金文　篆书　楷书

[字说地理]

“川渝”的水土

在我国盆地家族的“四大金刚”中，四川盆地是极特殊的存在。“别人”都生在干旱、贫瘠、偏远的地方，北风呼啸，黄沙漫天，百草尽折。唯有四川盆地似乎天生好命。

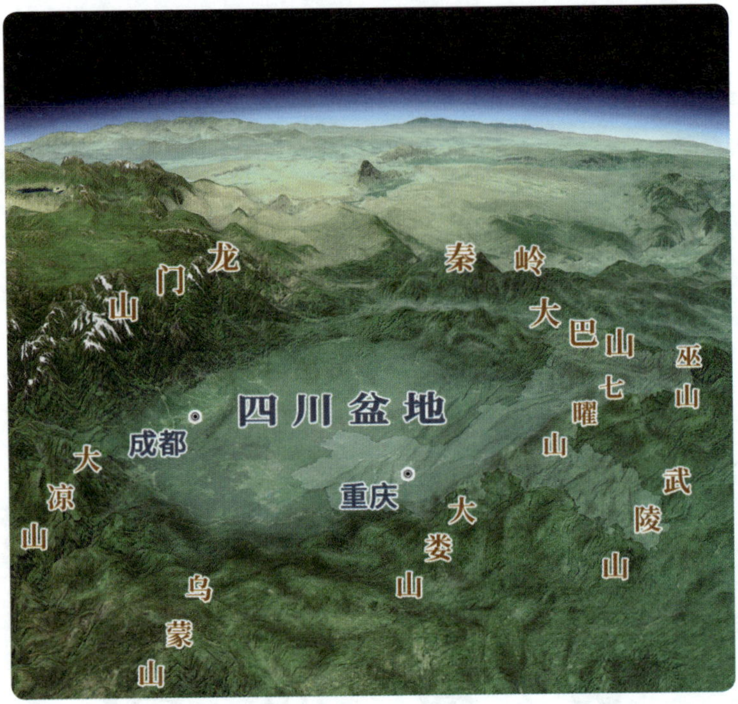

◎四川盆地

四川盆地地处南方，气候湿润，水流潺潺，物产丰富，好一派岁月静好的风光！这里看起来是那么特别，连土壤都是少有的紫色，充满了神秘感。

但一切果真如此美好吗？

我们先从紫色土说起吧。它的出现，离不开当地众多河流的“支持”。四川盆地除了山高水多，也不乏小块的平原。四川盆地的这个“川”字，形象地描绘了这里的地形。

实际上，“川”与“蜀”并列，也是四川的简称，加上代表山城重庆的“渝”，这里如同江南一般，也是妥妥的“水乡”，甚至是独一无二的“水盆”。

四川盆地形成后，水从周围的群山、高原流下，带来大量细沙沉积在“盆底”。因当地气温较高，沉积物中的铁、钾等元素因氧化而呈紫色，并经千万年的累积、转化后，形成砂岩、页岩。这两种岩石的质地疏松，在有流水、气温高的环境下，极易风化，最终化作紫色的土壤颗粒。

a　b　c

◎三图分别为我国的著名土壤，左侧a图为紫色土，中间b图为江南地区的红壤，右侧c图为东北地区的黑土

流水侵蚀，是外力塑造地表的重要力量。我们可以请一尊欧洲的青铜像来“现身说法”，它就是梵蒂冈的圣彼得青铜像。相传触摸圣彼得的右脚就能得到好运，这引得游客们纷纷排队去抚摸，后来铜像的右脚被磨出了一个光滑深陷的凹槽。可以说，每个抚摸过铜像的游客离开时都带走了少量的金属微粒。

青铜尚是如此，何况岩石！当流水“亲吻”砂岩、页岩时，也会带走一些微小颗粒。大家可以想象一下：假如全球的地质运动彻底消失，那么在流水、烈风、海浪、冰川等外力作用下，地球将是一个彻底“躺平”的世界——所有的山被削平，所有的谷被填满。幸好，这一幕并不会发生。

四川盆地本身就是地质运动的产物。曾经，这里是一片古老的海洋，距今约5000万年前的喜马拉雅地质运动，使四川盆地的周边隆起，它却不升反降，才有了如今的样子。

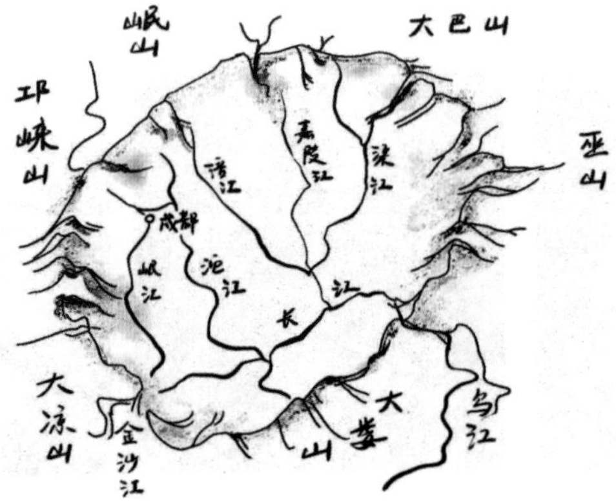

◎四川盆地

四川盆地内的成都平原，就是明证。传说成都刚刚建城时，地层不稳，屡建屡塌。后来，不知从哪里出现了一只神龟，指引着人们重建此城。有细心人发现，神龟指引的路线宛如一朵芙蓉花，从此成都多了一个别称“芙蓉城”，简称“蓉城”。

进一步说，由于盆地内陷、群山层起、诸河横贯，四川地区一度异常封闭。常言道，“蜀道难，难于上青天”。你如果想要徒步去四川旅行，可得面对“地狱级”的挑战：东面要穿过水多滩急的三峡；西面须爬过山高谷深的横断山脉；南面得越过大娄山，横渡乌江；北面除须翻过秦岭、大巴山外，还有一段在悬崖绝壁上凿出来的栈道等着你。当然，随着科技的进步和基础设施的完善，今天的四川地区已不再是“难于上青天”了。

独具一格的狠角色

四川盆地的内陷与封闭，同时沉积了“麻烦”与“便利”这两兄弟。古蜀人称自己的都城为蜀都。“都”本是指人口密集、经济发达的地方，但“蜀”表示“独一”，这种矛盾的“组合体”，让四川盆地有着别样的风味。

我们先说特别有趣的。四川盆地虽然统称“盆地”，但拿着放大镜一看，其内部像七巧板一样，平原、丘陵、山地等地形都有，边缘处还有高原。这里简直是地理爱好者的天然乐园！

◎四川的都江堰

地理的复杂性让汉字也成了多义字。不妨以“巴”为例，它通“坝”，指当地的一种小盆地。原来，四川盆地的“盆底”凹凸不平，又围出不少小盆地，小盆地的地势普遍比较平坦，本地人称之为“坝子”。成都平原有个“小名”，叫“川西坝子”，是四川盆地众多“坝子”中的佼佼者。西晋史学家陈寿在《三国志》中称其“沃野千里，天府之土”，从此四川有了“天府之国”的美名。

四川盆地的气候也很有趣。这里整体封闭，尤其是北部的山脉，阻挡了来自北方的冷空气的入侵，冬季不会太冷；纬度较低，加上受东南季风、西南季风影响，气温较高，降水充沛。这种气候不仅宜居，也十分有利于动物、农作物的生长。从这个角度说，远古时期的蜀地，毒虫无数，危险四伏，便是顺理成章之事了。

除了毒虫，蜀犬也是蜀地的明星。蜀犬自由自在，逍遥无边。不过，它偶尔也有烦心事，还闹得沸沸扬扬，那就是著名的“蜀犬吠日”。据说蜀犬看到太阳，感到特别新奇、害怕，故而狂吠不止。这虽有夸张的成分，却也暗合当地的气候特点：盆地内部地势低，四周都是山，空气不易流通，阴天居多。到了秋冬季，还很容易形成大雾，盆地东侧的重庆就是有名的“雾都”。如此环境下，太阳成了稀罕物，偶尔“拨云见日”，可不就吓坏了“哮天犬”。

反过来看，厚厚的云层可以挡住阳光，犹如一道天然的“防晒屏障”，降低了紫外线的强度，这让川妹子普遍皮肤白嫩，面容清秀，不施粉黛也依然貌美如花。

同时，云雾氤氲的自然环境，让白天的热量难以扩散，入夜后，周围山上的冷空气下沉，盆地内的暖空气随之上升，在冷暖空气的作用下，四川盆地夜雨频现，形成“巴山夜雨涨秋池”的独特景象，且在秋季最为常见。川妹子、夜雨、巴山、蜀水，共同绘成了一幅人与自然和谐共生图，羡煞旁人！

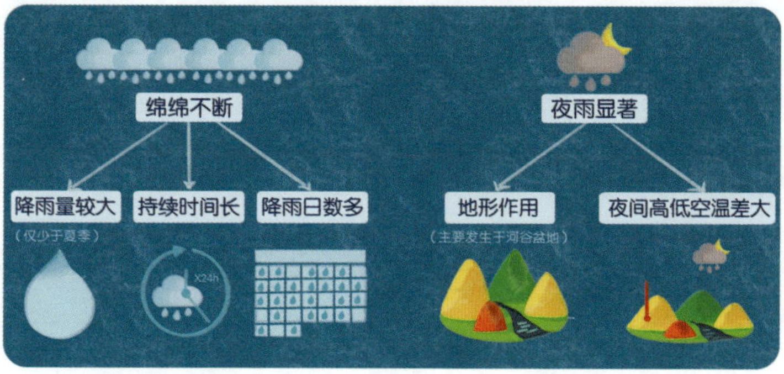

◎盆地与天气

巴蜀地形闭塞，使它可以自立一方、偏安一隅。最有说服力的证据便是三国时期刘备立足蜀地与曹魏、孙吴的“三分天下”。除此之外，还有安史之乱后唐玄宗入蜀、抗日战争时期国民政府迁都重庆等。我们甚至可以设想：要是没有四川盆地聚集的政治、经济、文化和军事力量，我国西南地区的影响力将会大打折扣。

放眼全国，像四川盆地这样独具一格的地形，恐怕只有黄土高原了。它居高临下，西南是黄河，东面是太行山，北面是恒山，向南可图中原，向东可取冀鲁。毋庸置疑，它实在是个狠角色！那么高原是一种什么样的地形呢？它厉害在何处？请看最后一章。

地理知识提要：

★ 四川盆地是我国四大盆地中唯一位于南方地区的盆地，水热等自然条件优良，土壤主要为紫色土。

★ 流水侵蚀是外力塑造地表的重要力量。

★ 四川盆地虽称为“盆地”，但其内部有平原、丘陵、山地，边缘处是高原，各种地形齐全。

★ 四川盆地内部地势低，四周环山，水汽、热量不易扩散，多阴天，多夜雨。

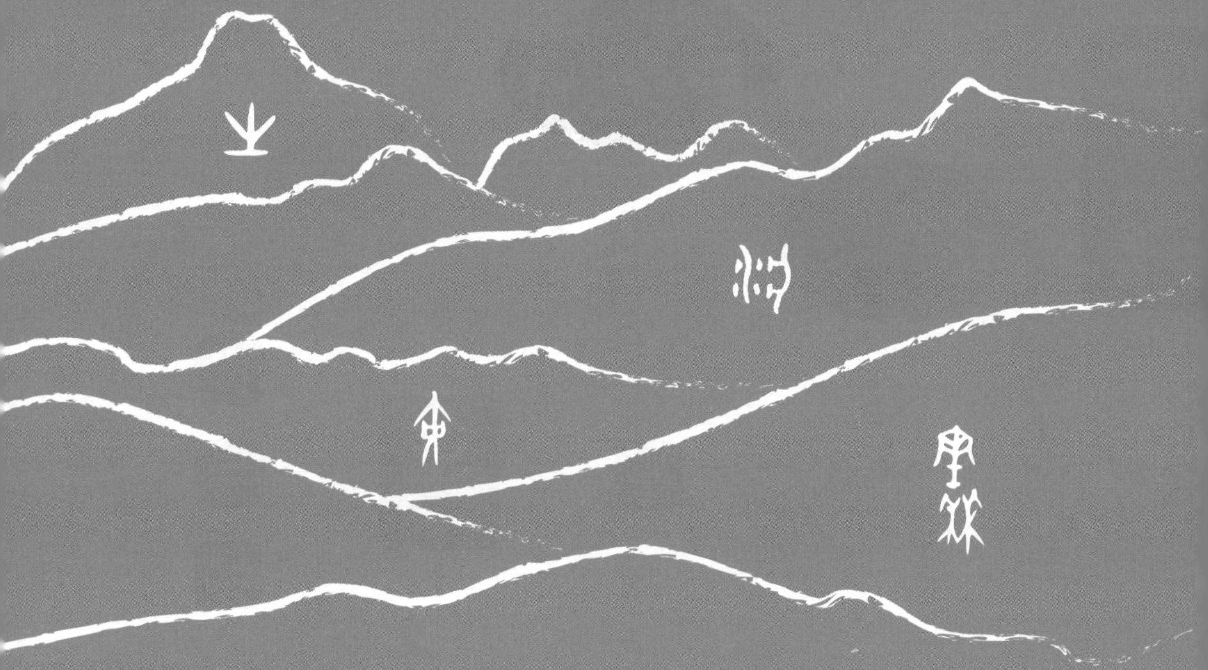

第五章

乾坤大舞台

说说高原那些事儿

本章思维导图

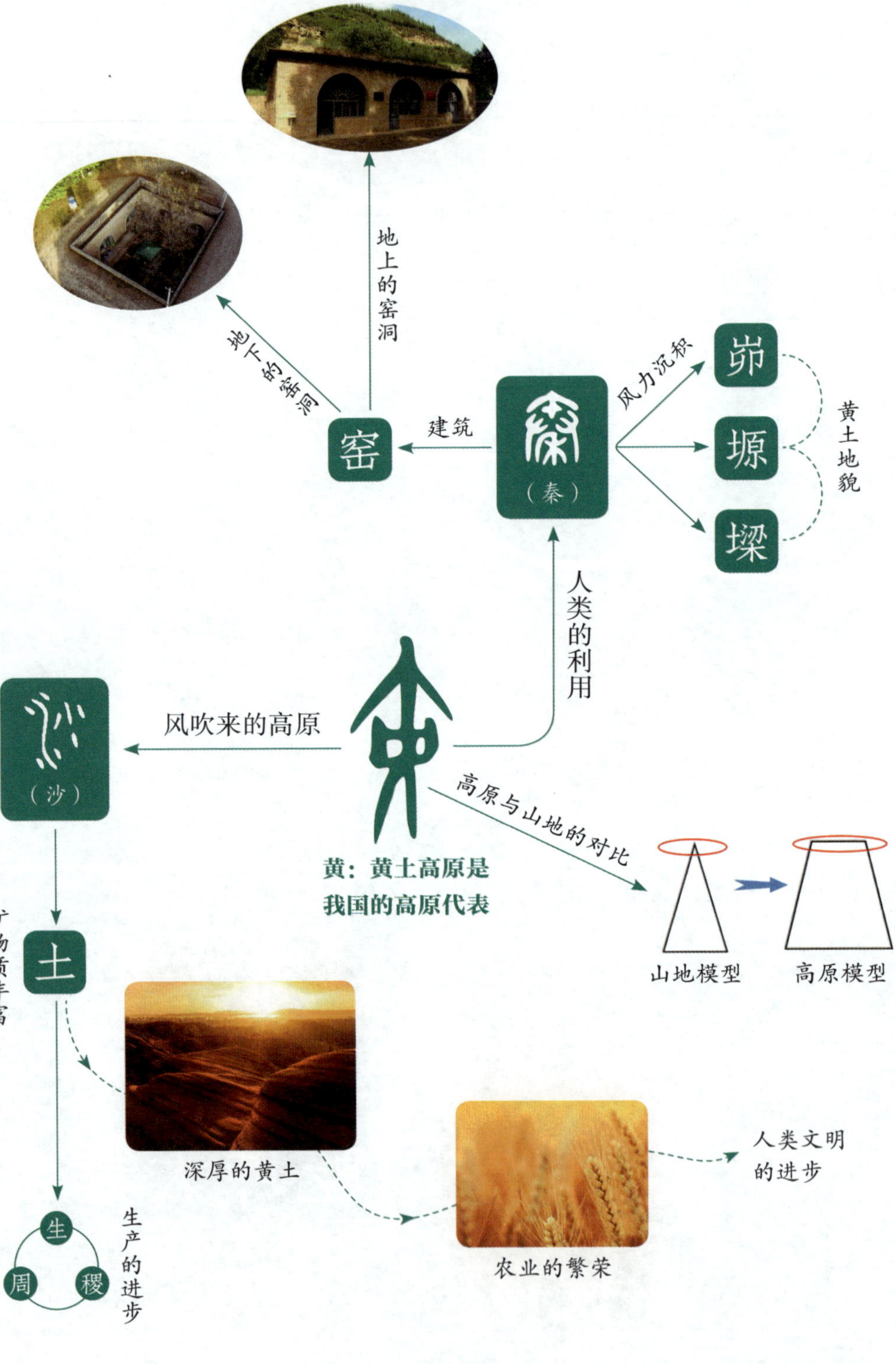

地上的窑洞
地下的窑洞
窑
建筑
（秦）
风力沉积
峁
塬
墚
黄土地貌
人类的利用
风吹来的高原
（沙）
高原与山地的对比
黄：黄土高原是我国的高原代表
山地模型
高原模型
土
矿物质丰富
深厚的黄土
农业的繁荣
人类文明的进步
生
周
稷
生产的进步

[字源]

黄为土色，位在中央。

——《论衡》

[字解]

“黄”字的甲骨文，像是一个站立的人（“”），腰间（“”）鼓鼓的，像是缠着什么东西。“黄”代表什么呢？不少学者给出了猜测：虎豹的兽皮、染色的料子、装饰的美玉（名为“璜”）……虽然谁也说服不了谁，但有一个共识：“黄”的本义与“人”有关，是一种黄颜色的生活用品或装饰用品。

但是，对人类的生存来说最重要不是玉石、兽皮之类，而是土地。《说文解字》的作者许慎，并没有见过“黄”字的甲骨文，基于当时的认知水平，他认为“黄”是“田”和“炗”（古“光”字）的组合体，即“地之色也”，意思是土地的颜色。

与许慎同时代的王充在《论衡》中也表示认同，并神秘兮兮地指出，黄色土地“位在中央”。放眼全国，最著名且最古老的黄色土地，非黄土高原莫属了。

[字变]

甲骨文　金文　篆书　楷书

从金文开始，“黄”多出了一个“廿”，小篆、楷书等也一脉相承。这个“廿”很可能是一种代表身份与地位的冠冕或头巾。我们不妨这样推测：“黄”是个佩玉的大人物，最早特指黄帝，后来演变成佩玉及其颜色的通称。具体的证据有很多，如“黄”的发音与“王”“皇”相似，该颜色在封建社会时期为皇家专用。

[字说地理]

“黄”天厚土

中国人信奉“天人合一”。“黄”的含义，何时由代表着华夏民族首领的黄帝，转变成具有“地之色”的黄土高原，如今已无从考证，但两者之间确实有着千丝万缕的联系。

传说中，黄帝居于黄土高原，他大战蚩尤的故事，代代相传，妇孺皆知。蚩尤是九黎族的首领，长得“人身牛蹄，四目六手”，非常吓人；他有81个兄弟，个个形如猛兽，铜头铁额，吃的竟是沙石，凶猛无比。面对蚩尤的侵袭，黄帝和炎帝联合起来，与他展开决战。神通广大的蚩尤请来风伯、雨师助战，只见战场上雷电交加、狂风骤雨、飞沙走石，黄帝与炎帝的将士们被困住了，连东南西北都分辨不出。危急时刻，黄帝在九天玄女的帮助下驱散了风雨，并一鼓作气打败了蚩尤。

神话传说并不完全是无稽之谈，它在一定程度上是对现实的某种映射。首先就是地形。战争发生于黄土高原与华北平原的交界处，这两种地貌有一个巨大的共性：它们都覆盖着一层黄色的土壤。

以黄土高原来说，它的土壤厚度为50～80米，最厚处超过150米。自然造化的瑰奇、雄伟，不得不令人折服。你听过“皇天后土”这个词吗？它从侧面印证了我们中国人的“根”是与厚厚的黄土高原相连的。

如此巨量的黄土，究竟是如何形成的，又是从哪里来的呢？且看神话传说中的暗示：风伯能唤强风，吹得人仰马翻，尘土蔽日，天地一片混沌。要破解其中的秘密，得从“沙”字说起。

◎河滩：“沙”字的造字原型

图中的两个金文，都是“沙”字。它们均为左右结构，左半边的“氵”是一条河流，右边是一粒粒沙子的模样。

沙子原本是些小石头，它们滚入河流中被水流冲刷时，原先尖尖的棱角会被渐渐磨平、磨圆，千淘万漉之后，就成了沙粒。河流中的沙子，常常沉淀在水少的浅滩处。“水少为沙”，正是“沙”字的造字本义。

“水少”的另一种说法是干旱。岩石经长时间的风吹日晒，同样会崩解、碎裂，最后化成一堆沙粒。黄土高原的西北方向，有一片广大的沙漠，每年秋冬季，强劲的西北风掠过沙漠，卷起漫天沙尘，经长途“旅行”后慢慢沉降下来。这一过程，已经持续了200多万年——直到你读到这一行文字时，它依然无休无止。因此，黄土高原还有

◎岩石风化

一个诗意的雅号——“风吹来的高原”。

黄沙被风吹来尚可理解，可为什么黄沙要落在黄土高原上呢？是风伯特意安排的，还是九天玄女半道“截和”？打开地图，你会发现，黄土高原位于我国中部偏北地区，东面是太行山，南边是秦岭。这两座山都实在太高，风沙无法翻越，只好望“山”兴叹，乖乖沉降于现在黄土高原的位置。

纪念“周”族人

黄土，是农耕时代的命脉所系。抓一把在手中，轻轻一捻，就会发现其颗粒细小，十分细腻。我们的祖先并不具备太多的科学知识，他们用简单的木棍、石片，甚至稍微硬一点的骨头，就可以轻易翻开黄土，进行栽种。

我国南方地区，由于气温高、雨量大，土层中的铁元素渗透在地面以下20～30厘米深的地方，形成了一个坚硬的沉淀层。这对尚没有铁犁耙等金属农具的人类来说，是很难耕种的。所以，我国的农业起源于黄河流域的黄土高原。

黄土的营养也不错，矿物质含量高、种类多，植物吃得喜滋滋。令人称奇的是，无论土层多厚，哪怕深达百米，黄土的品质都一样好。它是风从远方带来的，不仅营养丰富，还在空中“搅拌”均匀了。

黄土高原每年都会有新的黄土落下，所以这里的植物从不用愁“吃了上顿没下顿”，只需铆足了劲儿地生长。这里的植物欣欣向荣，土壤中还常能见到蜗牛、蚯蚓、蚂蚁等，以及错综复杂的地下植物根系，简直就是一个隐秘的生物乐园。

千万年来，黄土高原就这样悄悄地自我施肥、自我培育——人类从不需要刻意给它施肥，只要把特定的植物驯化成粟、糜等农作物，就可以生产出大量的粮食，来养活稠密的人口，进而发展成庞大的城市。

现在再来理解我们的祖先为什么选择生活在黄土高原，就不再是难事了。不仅如此，汉字中隐藏的中华民族奋斗史也渐渐变得清晰。下面，我们先来看“生”“稷”“周”三个字：

甲骨文“生”　甲骨文“稷”　金文“周”

“生”即生命，农业其实就是与生命打交道的生产方式。黄土高原位于半干旱、半湿润地区，冬季寒冷，夏季炎热，适合耐旱作物生长。“生”字的甲骨文中代表土壤的一横“一”特别厚实，苗“↓”也长得格外结实。生活在黄土高原的祖先通过驯化植物，培育出了不同种类的粮食作物，满足了人们的生存需要。

◎“谷神”后稷

粮食产量大大提高后，就可以养活更多的人口，黄土高原上的部落就这样一代代发展，建立了无数个朝代。以周朝为例，它为周族所立，那什么是“周”呢？金文“周”字的上部为“囲”，像一块“田”中插满了秧苗，借指“生长茂盛”“密密麻麻”；下部的“ㅂ”表示周族的领地，也叫方国。“国”字外面的“囗”，与金文“周”字下部的“ㅂ”意思相同。

认识了“周”字，我们就会恍然大悟：历史课上说的“农耕民族”、语文课上背的“躬耕陇亩”、政治课上讲的“黄牛精神”都源自“以农立国”的周族。

可以说，从炎黄统一到周人发祥，从强秦立统到汉祚承传，从唐代的开元盛世到新中国成立，黄土高原为中华民族提供了不可多得的历史舞台，也留下了无数美好的记忆。

地理知识提要：

★ 黄土高原是风力堆积作用形成的，因而也被称为“风吹来的高原”。

★ 黄土高原位于半干旱、半湿润地区，具有冬季寒冷、夏季炎热的气候特征。

★ 黄土是一种成土母质（形成土壤的基本物质），矿物质丰富，可满足庄稼生长需要。

[字源]

地宜禾。从禾、舂省。一曰，秦，禾名。

——《说文解字》

[字解]

有这样一则故事，说的是秦始皇统一天下后，为国名叫什么而犯愁。一天，他问群臣：“自开天辟地以来，谁的功绩最大？”一臣对曰：“三皇五帝以来，古人的功过是非都记载在《春秋》一书中。”秦始皇听了大喜：“我是千古一帝，就选《春秋》的一半作为国号吧。”众臣不解，于是他提笔写了一个“秦”字，递给大家，说：“取‘春秋’二字各一半，合为一个‘秦’字。国号就这么定了！”

这个故事并不是真的，但的确讲出了

“秦”字的历史厚重感。“秦”字的金文，非常“写意”：下面是两个禾苗的“禾”字，上面由三个部件构成——两只手（“”和“”）与一件神秘物（“”）。大家看“”像什么呢？其实它叫“杵”，是一种一头粗一头细的圆木棒，用来在臼里舂粮食。“秦”字下面的“禾”，在造字之初，并不是泛指所有庄稼，而是专指粟。在我国古代，粟是一种常见的粮食作物，在黄土高原上广泛种植。

“秦”字的整个画面，构成了一个农业生产的“脱壳”环节：双手握杵，用力击打，去除“禾”外面的壳。这与《说文解字》中说“秦”字是由“禾”和有所省略的“舂”字组合而成的意思相近。以上种种说明秦国是一个盛产谷物的农业国家。

[字变]

甲骨文　　金文　　篆书　　楷书

“秦”是一个会意字。几千年来，它的字形变化不大。在甲骨文与金文中，“秦”字的下半部为“秝”，读作“lì”，表示种植成行、疏密均匀的禾苗，代指谷物。后来，“秝”慢慢简化成了“禾”，最终变成现在的样子。

[字说地理]

八百里“秦”川的福址

今天说到“秦”，人们脑海里浮现的大多是战国时期一统天下的秦国，或者“八百里秦川”“秦始皇兵马俑”等。你可能不知道，世界人民认识中国，很可能是从这个字开始的。意大利语将中国写作Cina，法语写作la Chine，英语、德语写作China……都带有一点“秦”字的发音呢。

从国内看，“秦”最早兴起于黄土高原上的渭河流域，后来秦人定居渭河中下游地区。那里有开阔的陇西平原（位于甘肃），更有大名鼎鼎的关中平原（因四周被关隘环抱而得名，位于陕西）。甘肃、陕西是黄土高原极具代表性的地区，有着众多独特的地貌。要是放大格局，从中华民族的发展史看，地理条件对一家一族一国的兴衰荣辱甚至可以起到某种决定性的作用。

下面，我们不妨从陕北开始，来破译文明背后的“地理密码”。陕北是黄土高原的核心区。一般而言，黄土高原是指位于长城以南、秦岭以北、太行山以西、乌鞘岭以东的广大地区。如果再宽泛一些，黄土高原的北边可以到达阴山。

任何能承载足够多的人口并发展成为世界级文明中心的地方，都得足够大。黄土高原就符合这样的条件：它横跨我国七个省级行政区，面积比江苏、浙江和福建三个省加起来还要大。全世界70%的黄土集中于此，其中，陕北占据了相当大的比重。

陕北的漫漫黄土下，有着深深的基岩层，整体海拔为

◎秦兵马俑坑

800～1200米。在地理上，高原的海拔“门槛”为500米，这对陕北来说，只能算是齐腰高。海拔高的好处是很明显的，如免于遭遇洪灾、减轻军事压力等。

公元前8500年至公元前5000年，全球气温普遍回升，冰川消融，降水增多。海平面在这一时期大幅上升，黄土高原隔壁的华北平原因地势低，许多地方被淹没，海岸线向内陆推进了约80千米。那些生活在沿海平原的人，不得不举家迁徙；而陕北人可就神气了，他们不仅不用搬家，还就地取材发明了一种新式建筑，尽情享受着黄土带来的福利。

原来，黄土高原除了有较厚的土层、较高的海拔，还具有一定的可塑性。这里的黄土层具有上下方向的纹理，竖直承压能力强，开凿洞穴不易崩塌。就这样，陕北的先民想办法开挖了一些大洞——大到可以住人、存放粮食，这就是“窑洞”。如今，仍有不少窑洞就修建在公路的下面，窑顶每天有各种车辆经过，却丝毫不受影响。

“窑”字的小篆为“”，由“”（洞穴）与“”（羊）组合而成，意为烤全羊的灶窟。后来，人们改用表示陶器的“缶”取代“羊”，整个字就变成了烧制砖瓦陶瓷的灶窟。我们从字源的追溯中可知，“窑”就是一种烧制陶器、瓷器的灶窟，外形上与住人的窑洞相近。“窑洞”之名，可以说是非常形象。

◎民间灶

◎陕北窑洞

窑洞是典型的陕北黄土高原民居，距今已有

4000多年的历史了。它造型简洁，上部拱圆，下方端直。别看它其貌不扬，功能却很强大，冬暖夏凉，特别宜居。

盛夏的黄土高原，气候较干，太阳炙烤大地。这时，厚厚的黄土层就成了窑洞的“遮阳伞”，越往窑洞深处走，凉意越浓。相反，外面冰天雪地时，凛冽的西北风在旷野中肆虐，厚厚的土层又成了窑洞的“大棉袄”，不管外面多冷，窑洞里依旧温暖如春。

自明朝中期起，人们就开始用石块做窑面墙，清末民初时，出现了用仿土窑模式建起的石砌窑洞。1937年，毛泽东在延安凤凰山麓住的李家窑，就是这样的建筑。在这里，毛泽东写出了影响深远的《实践论》《矛盾论》等，并喊出“延安的窑洞是最革命的，延安的窑洞有马列主义”的口号！

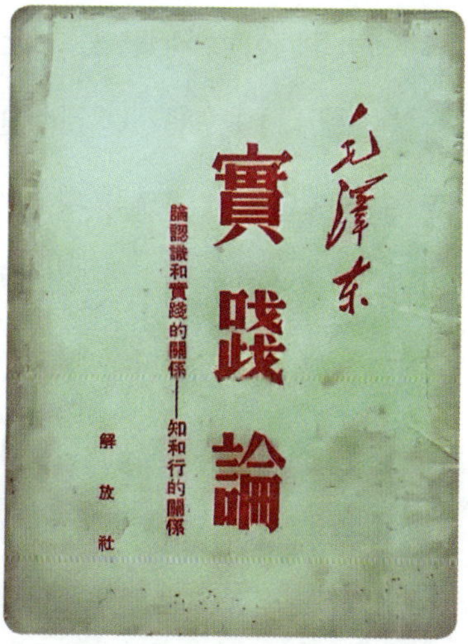

◎《实践论》

乾坤大舞台

后来，人们根据高原地形的实际情况，又对窑洞进行了升级改造，创造出沉入地下的窑洞，也叫地窨院。

所谓地窨院，就是在平地下挖一个巨型的四方大坑，坑深达十米以上，在坑的四壁上打洞做窑。它的布局有点儿像北京的四合院，只是一个在地上，一个在地下；一个要用砖木来搭建，一个仅需黄土即可成型。地窨院顶上的土地还可以作为打谷场使用。

这样的四方大坑连片成村，人站在上面能听到从下面传来的隐隐的说话声、犬吠声、鸡鸣声。如果不听声音，单从景观上看，“上山不见山，入村不见村，平地起炊烟，忽闻鸡犬声”，很有意思。

陕北黄土高原上，之所以要把部分窑洞建在地下，主要还是因为地形。原来，当地面太过平坦时，失去山脉阻挡的冬季风会变得异常猛烈，寒冷指数飙升。夏季时，平坦的地面得不到山脉的荫蔽，暴晒之下，炎热难耐。于是，我们的祖先建造地窨院，有效地解决了这些问题。

下图揭示了高原与山地的区别：两者虽然都比较高，但高原的顶部有较为宽广、平坦的地形。世界上所有的高原均具有顶部起伏较小、周围陡峭的地形特征，形似舞台，因此又被称为“大地的舞台”。黄土高原不仅是黄帝、炎帝及其无数子民的世代家

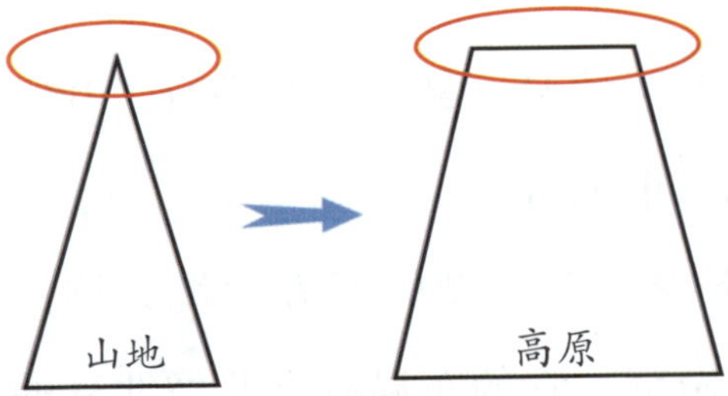

◎山地与高原的比较

◎高原实景

◎壮观的黄土高原

园，更是夏、商、周、秦等朝代的政治中心，称之为“乾坤大舞台”也不为过。

再来细看黄土高原。它的表面有许多大块且平坦的地貌，人们用一个专有汉字给它命名——“塬”。左侧的“土”，代表它表面覆盖着一层土壤；右侧的“原”，代表它平坦、广阔。与高耸险峻的山峰相比，塬就像被铲平或被横切的山巅。

陕北有层层的山，更有叠叠的塬。放眼壮阔的大山，就是放眼风光无限的塬和千姿百态的塬上人家。塬，已经成为秦地的盛景。

当携带着无数沙粒的大风，吹到黄土高原上空时，风力大为

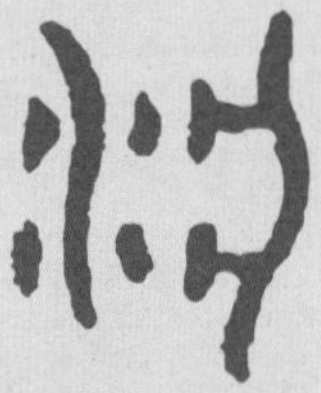

◎金文「梁」，保持着原始的模样。作为姓氏，梁与秦同宗同源

减弱，沙粒便纷纷掉落。如果它们落在了平坦的地面上，如高地、台地、河流阶地等，就逐层堆积，慢慢增厚土层，最终形成较为宽广的黄土塬。科学家甚至根据黄土颗粒的大小排序（由西北到东南，黄土颗粒不断减小，分别为沙黄土、黄土、黏黄土），确认西北风正是沙粒沉积的幕后导演。

而那些落在丘陵等坡面上的沙子，就是另一种命运了。它们堆积到一定高度后，在重力的作用下，会顺着斜坡滚落到边缘谷地中。这样形成的地形，具体而言又分“墚”与“峁”。

这两个汉字都专指黄土高原上的小型地貌。“墚”源自“梁”，后者在金文中，左侧是水旁，表示和水有关；右侧逆时针旋转90°则成“”状，正是一座桥的样子。“梁”字的本义是水上之桥，后来指长条状物体，像桥梁、房梁等。“墚”是由沙子落在连绵的长梁状丘陵上而形成的，长度可达数千米。

“峁”读作“mǎo”，上部的“山”很好理解，说明它并不平坦，是起起伏伏的。

下面的“卯”又是什么呢？可以看一看它金文的样子“”。《说文解字》中认为这是刚从地底下冒出头的一对小嫩芽，引申为“破土而出”。

于是，“峁”被拿来表示“冒”出来的小山包，像馒头一样圆滚可爱。与“墚”相比，它是由沙子落在单个的丘陵上发育而成的。

◎黄土高原上的塬、墚与峁

以上，我们描述了黄土高原的主要地貌的特点，揭秘了从黄帝时代到秦帝国崛起的缘由。当然，“高原”这一地形也不是单独存在的，而是与平原、山地、丘陵、盆地共同为人类文明的发展提供种种支撑。

地形，是大自然赋予我们的生存之基。它对人类生存、发展、繁荣的推动或阻碍，已经开始并将继续影响着我们的今天和明天。

地理知识提要：

★ 狭义的黄土高原是指长城以南、秦岭以北、太行山以西、乌鞘岭以东的广大地区。

★ 黄土层具有上下方向的纹理，竖直承压能力强，开凿窑洞是一种有效的空间利用方式。

★ 高原与山地的海拔均在500米以上。与山地不同的是，高原的顶部较为宽阔、平坦。

★ 塬、墚、峁是黄土高原地区的三种典型地貌。